QUESTION DE FORCES !

ERPi

DK

Un livre Dorling Kindersley
www.dk.com

L'édition originale de ce titre est parue
sous le titre *Can you feel the force?*
chez Dorling Kindersley Limited, Londres.

Auteur : Richard Hammond
Édition : Ben Morgan
Responsable éditoriale : Susan Leonard
Conseillers : John Woodcock, Chris Woodford

Édition française
Copyright © 2007 NATHAN, Paris, France
Traduction-adaptation : Björn Zajac, *professeur de physique*
Coordination : Véronique Herbold, Étienne Cayeux
Réalisation : Philippe Brunet / PHB

Édition française au Canada
Copyright © 2007 ERPI

ERPI

5757, RUE CYPIHOT
SAINT-LAURENT (QUÉBEC)
H4S 1R3

www.erpi.com/documentaire

Dépôt légal - Bibliothèque et Archives nationales
du Québec, 2007
Dépôt légal - Bibliothèque et Archives Canada, 2007
ISBN-10 : 2-7613-2274-6
ISBN-13 : 978-2-7613-2274-4
K 22746

Imprimé en Chine
Édition vendue exclusivement au Canada

Ce n'est pas un secret, je suis fou de voitures, de motos, d'avions, de bateaux. Bref, de tout ce qui se déplace. Pourquoi j'en suis fou ? Parce que tout est action. Quand je pilote une voiture sur un circuit, je sens des choses se passer tout autour de moi : les pneus crissent, l'accélération me plaque au siège, le harnais se tend sous mon poids lorsque j'enfonce la pédale de frein. En d'autres mots, une multitude de forces se manifestent ici. Et tout ça, c'est de la physique !

La physique, c'est la partie « action » des sciences. Lors d'un crash, quand une pomme tombe d'un arbre ou que la foudre s'abat, les lois de la physique permettent de tout expliquer. La biologie ou la chimie peuvent expliquer pourquoi une pomme a du goût, mais seule la physique peut prévoir ce qui va lui arriver lorsqu'elle sera projetée contre un mur à 200 km/h.

Bien entendu, il n'y a pas que les voitures rapides et les pommes écrasées. En fait, la physique traite de… tout, des particules nanoscopiques constituant l'Univers à l'immensité de l'Univers lui-même. La physique nous fait aussi entrer dans le monde étrange de l'invisible, de l'inexplicable, ou encore des bizarreries de la nature. Cette force qui fait glisser deux aimants présentant leur pôle nord, par exemple, quelle est sa nature ? Et d'où vient elle ?

Tu penses peut-être qu'un physicien sait tout sur tout. Mais la science est surtout faite de mystères et de questions, et c'est pourquoi ce livre est rempli de questions. La plupart ont des explications simples, mais certaines restent encore sans réponse. Elles te surprendront ou te feront réfléchir…

RICHARD HAMMOND

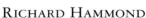

SOMMAIRE

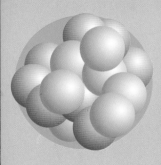

Les ORIGINES

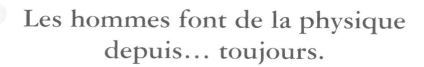

" Les hommes font de la physique
depuis… toujours.

Cela a commencé en poussant des mammouths
dans le vide, en allumant des feux, en jetant
des lances, et en chassant encore plus
de mammouths. Donc nous avons toujours
su appliquer la physique.

*Mais nous n'étions pas aussi
malins pour **comprendre**
comment cela fonctionnait.*

Pourquoi une lance dessine-t-elle une courbe
dans le ciel ? Pourquoi le feu nous brûle-t-il
mais cuit nos aliments ? Et pourquoi les
mammouths tombent-ils quand on les pousse ?
Nous avons réellement commencé à y répondre
en expérimentant et en mesurant les choses.
*Et pour comprendre tout cela, il nous faut remonter
3000 ans en arrière.* "

La *réponse* est en Grèce.

Depuis la nuit des temps, l'homme a inventé des *mythes* pour expliquer le fonctionnement de l'Univers. Mais, il y a environ 3000 ans, en Grèce, certains n'acceptèrent plus les croyances anciennes et se mirent à tout repenser depuis l'origine. Ce fut le début (enfin presque) des sciences.

Ambre

L'AMBRE MAGIQUE

Les Grecs étaient plutôt philosophes que chercheurs. Ils avaient de grandes idées, mais ne les vérifiaient que rarement par l'expérience. Malgré cela, ils ont fait des découvertes scientifiques, comme l'**électricité statique** vers 600 av. J.-C. : en frottant de l'ambre sur de la laine, ils remarquèrent qu'il attirait des plumes, comme par magie.

Le mot « électricité » vient du grec *elektron,* qui signifie « ambre ».

600 av. J.-C.   400 av. J.-C.

Feu

Eau

SEMELLES MAGNÉTIQUES

La légende veut qu'un berger nommé Magnes ait découvert le **magnétisme** un jour que ses pieds étaient restés collés à la montagne. Les clous en fer de ses sandales avaient été attirés par une roche magnétique, la magnétite. Les Grecs pensaient que la magnétite possédait une âme qui attirait le fer.

LA MATIÈRE

Les Grecs croyaient que tout était constitué d'**atomes** – des particules si petites qu'il n'y a pas plus petit. Ils n'avaient aucune preuve de cette théorie, mais juste l'intuition. Ils pensaient que les propriétés de la matière dépendaient de la forme des atomes : ils attribuèrent au feu des atomes crochus et à l'eau des atomes ronds.

Air

Terre

Pourquoi l'éléphant tombe-t-il plus vite que la plume ?

Aristote

Aristote était un peu excentrique, comme d'autres scientifiques et philosophes. Il parlait exprès en zozotant et soignait particulièrement son apparence. S'il n'était pas très talentueux en physique, il brillait dans la plupart des autres disciplines. Ses théories ont prévalu durant plusieurs siècles.

ARISTOTE
384-322 av. J.-C.

PLUMES QUI TOMBENT

L'un des premiers à avoir réfléchi sur la **gravité** fut le philosophe grec Aristote. Il constata qu'une brique tombait plus vite qu'une plume et en conclut (sans vérification expérimentale) que plus un objet était lourd, plus il tombait vite. Il fallut attendre presque 2000 ans pour que des expériences contredisent ses conclusions.

350 av. J.-C.

BOUGER, BOUGER !

Aristote expliquait qu'un objet ne bougeait que s'il était soumis à une **force**. Encore une fois, il se trompait. En fait, un objet peut être en mouvement tout en n'étant soumis à aucune force, même si les **frottements** finissent toujours par le ralentir.

EURÊKA !

Le Grec le plus malin était **Archimède**, connu pour être sorti de son bain et avoir parcouru les rues tout nu en criant *« Eurêka ! »* (« J'ai trouvé ! ») après avoir résolu un problème. Le roi lui avait demandé de vérifier la pureté de sa couronne en or, sans l'abîmer, et la solution vint à Archimède dans son bain. Il mesura le **volume** de la couronne en l'immergeant dans de l'eau, ce qui fit monter le niveau. Si une même masse d'or avait le même volume que la couronne, cela voulait dire que la couronne était en or pur. La couronne s'avéra fausse, et l'orfèvre fut décapité.

AU CENTRE

Les Grecs furent les premiers à penser que la Terre était ronde et non plate. Ils parvinrent même à calculer son périmètre en mesurant les ombres en différents lieux. Mais, pensant que la Terre était *immobile*, ils crurent à tort que le Soleil et les astres observables dans le ciel tournaient autour de la Terre. Selon eux, la Terre était donc **au centre de l'Univers**. Cette idée fausse persista pendant de nombreux siècles.

250 av. J.-C.

240 av. J.-C.

ARMES DE GUERRE

Archimède était un inventeur de génie. Il découvrit comment un levier pouvait multiplier une force, et il utilisa ce principe pour mettre au point des armes contre les Romains. L'une de ces machines était une gigantesque grue en bois munie d'un crochet, qui permettait de soulever des bateaux et de les retourner, noyant ainsi tous les occupants.

Avec un levier suffisamment long, je peux soulever n'importe quoi !

ARCHIMÈDE
287-212 av. J.-C.

Les Grecs croyaient que les astres étaient

Selon la mythologie grecque, le dieu Atlas porte l'Univers sur ses épaules.

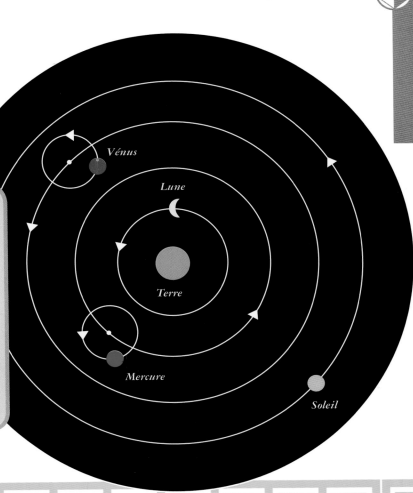

SPHÈRES CÉLESTES

Puisque le Soleil, les étoiles et les planètes semblaient tourner autour de la Terre, les Grecs décrivaient l'Univers à l'aide de cercles. Ils croyaient que chaque planète était fixée sur une grande sphère de verre mobile centrée sur la Terre, et que les étoiles étaient placées sur une autre sphère située au-delà des planètes. Cette théorie permettait de prévoir la course des planètes dans le ciel en ajoutant des cercles supplémentaires. L'explication semblait si convaincante qu'elle fut admise pendant près de 2000 ans.

150 av. J.-C.   50 apr. J.-C.

UN SAVANT FOU

Un des derniers philosophes grecs fut l'inventeur appelé Héro. Il construisit notamment un oiseau mécanique qui chantait, un compteur kilométrique pour char, un fusil et même le premier distributeur automatique de monnaie. Héro découvrit la nature de l'air et réalisa qu'il pouvait être comprimé. Cela l'amena à penser que l'air devait être constitué d'**atomes**.

collés sur d'immenses boules de verre.

L'ÂGE OBSCUR

Au Moyen Âge, on retourna aux mythes, à la magie et à la religion. Pendant plus de mille ans, la superstition domina les pensées, malgré quelques étincelles de progrès scientifique...

500

700

C'EST MAGIQUE, ON DIRAIT !

Les prétendus pouvoirs magiques des **aimants** ont alimenté de nombreuses légendes. On croyait qu'un aimant ôtait la tristesse en le posant sur sa tête, que l'ail et le diamant pouvaient détruire les pouvoirs d'un aimant, qui les retrouvait lorsqu'on le plongeait dans du sang de chèvre...

MONTRER LA VOIE

Tandis que les Européens frottaient leurs aimants avec de l'ail ou du sang, les Chinois frottaient les leurs avec des épingles en fer. Devenues magnétiques elles aussi, ces épingles, pendues au bout d'une ficelle, indiquaient le nord. Les Chinois avaient inventé **la boussole**.

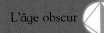

Le savoir
des Grecs anciens
a été conservé
par les Arabes.

SOLEIL

Les Arabes expliquèrent la visibilité des objets : la lumière du Soleil rebondit sur les objets et pénètre notre œil.

RAYONS LUMINEUX

Peregrinus montra que des aimants pouvaient se repousser ou s'attirer.

1000

1300

VOIR LA LUMIÈRE

Les Arabes, passionnés de sciences, avaient conservé le savoir des Grecs. Ces derniers croyaient qu'on voyait un objet parce que notre œil envoyait un rayon qui permettait de le voir. En l'an 1000, Ibn al-Haytham, savant égyptien, découvrit la vérité : la lumière du Soleil ou d'un feu rebondit sur les objets et seulement ensuite pénètre notre œil.

SÉPARER LES PÔLES

Pendant ce temps, en Europe, le savant français Peregrinus essayait d'isoler les pôles d'un aimant en le coupant en deux. À son grand étonnement, à chaque coupe, chaque moitié de l'aimant retrouvait deux pôles et devenait donc un nouvel aimant.

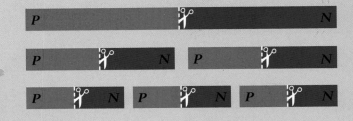

Ancienne boussole chinoise

Vers *la lumière*

Il y a environ 500 ans,

l'Europe connut une révolution dans la pensée. Comme en Grèce antique, les gens remirent en cause les dogmes religieux. Mais ils allèrent plus loin en **expérimentant** leurs hypothèses afin de les vérifier. C'est de cette révolution que date le véritable début des sciences, et cela changea le monde à jamais.

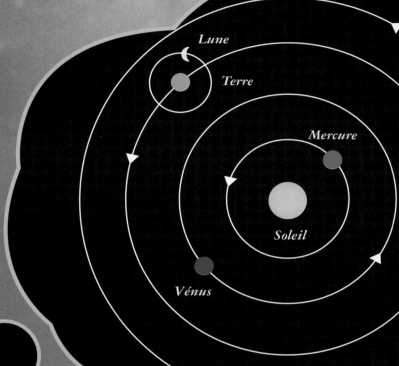

Lune

Terre

Mercure

Soleil

Vénus

Nicolas Copernic
(1473-1543)

1507

UNE IDÉE GÉNIALE

Depuis les Grecs, on pensait que la Terre était immobile au centre de l'Univers, avec le Soleil et les autres astres tournant autour. En 1507, Nicolas Copernic, astronome polonais, remarqua qu'il était beaucoup plus facile de décrire le mouvement des astres si l'on plaçait le Soleil au centre et la Terre tournant autour. De nombreuses expériences effectuées par d'autres astronomes confirmèrent l'hypothèse de Copernic. Mais il restait un problème important...

L'*Univers* tout entier tournait-il ?

Copernic plaça le Soleil au centre de son modèle de l'Univers, même si cela obligeait la Terre à voyager à travers l'espace.

Mars

LA DÉMARCHE SCIENTIFIQUE

La particularité de la démarche scientifique est qu'un chercheur valide ses théories par l'expérience. L'Anglais William Gilbert fut le premier à étudier les aimants scientifiquement. Il ne se contenta pas des légendes au sujet des effets de l'ail sur les aimants. Il frotta un aimant avec de l'ail et le testa – il fonctionnait toujours. Gilbert remarqua surtout qu'une aiguille aimantée pointait toujours vers le sol. Il en conclut que la Terre aussi devait être un aimant. Il avait raison.

1543   1580

UNE IDÉE DANGEREUSE

Les hommes d'Église haïssaient les idées de Copernic, car ils croyaient que Dieu avait créé l'Univers en plaçant la Terre au centre. Pour ne pas offenser l'Église, Copernic attendit ses vieux jours pour publier le résultat de ses travaux, et il y ajouta une dédicace flatteuse au pape.

UNE IDÉE FOLLE ?

La théorie de Copernic était difficile à croire pour une autre raison encore. Si elle s'avérait vraie, le mouvement apparent du Soleil n'était donc qu'une illusion due à la rotation de la Terre sur elle-même. Et si la Terre tournait, comment les oiseaux et les nuages arrivaient-ils à suivre, et pourquoi les bâtiments ne s'écroulaient-ils pas ? C'est là que le personnage suivant entre en scène…

Le monde selon Galilée

Le premier « vrai » chercheur est l'Italien Galilée. Ses expériences montrèrent que les Grecs s'étaient trompés sur l'espace, sur la gravité et sur le mouvement. Les découvertes de Galilée ont marqué le début de la physique, mais ont aussi apporté de gros ennuis à leur auteur.

La tour penchée de Pise

TOUS LA MÊME CHUTE

La légende veut que Galilée ait lâché des balles de masses différentes du haut de la tour de Pise, montrant ainsi qu'elles touchaient toutes le sol en même temps. Cette expérience réfuta l'idée des Grecs selon laquelle un objet tombe d'autant plus vite qu'il est lourd. Galilée constata plutôt que les objets étaient attirés vers le bas à la même vitesse, à moins d'être si légers que l'air pouvait les ralentir.

C'est ici que la physique a débuté.

1590

Galilée établit la trajectoire précise d'une balle en décomposant sa vitesse en deux parties : l'une horizontale et constante, l'autre verticale et variable. Cela permit de résoudre un vieux problème : comment prévoir la trajectoire d'un boulet de canon.

ET QUE ÇA ROULE !

En plus de les faire rouler sur des rampes, Galilée fit rouler les balles sur des surfaces planes ou les fit voler à travers la pièce. Il mesura leur trajectoire avec soin et chronométra leur mouvement à l'aide de son pouls (les montres n'existaient pas encore). Il fit une découverte étonnante : une balle qui tombe sous l'effet de la gravité va de plus en plus vite, alors que sur une surface plane, elle garde une vitesse constante *en l'absence de force*. Galilée avait découvert **l'inertie** : la tendance d'un objet à persévérer dans son mouvement ou à rester immobile s'il n'est soumis à aucune force.

J'ai vu des choses que vous ne pouvez imaginer...

GALILÉE L'ASTRONOME

Galilée était brillant en tout. En 1609, il apprit l'invention de la lunette astronomique. Il en fabriqua une lui-même, qui devint la plus performante de l'époque. Il put ainsi découvrir des montagnes sur la Lune, des lunes autour de Jupiter et une infinité d'étoiles, indice de l'immensité de l'Univers. Ce qu'il observa le convainquit que Copernic avait raison : la Terre tournait autour du Soleil, et il le confirma dans un livre en 1632. Mais il ne put convaincre les chefs de l'Église, qui interdirent le livre et firent emprisonner son auteur.

1609   1632

Galilée
(1564-1642)

LE POISSON DE GALILÉE

Galilée déduisit de sa découverte de l'inertie qu'il n'y avait aucune différence entre avancer à vitesse constante et être immobile. Imaginez un poisson nageant dans un bocal sur un bateau naviguant sur la mer. Pour le poisson, le bateau pourrait très bien être immobile. Il n'est pas repoussé vers l'arrière du bocal et nage normalement. De même, les nuages et les oiseaux ne sont pas projetés en arrière et les bâtiments ne s'écroulent pas lorsque la Terre tourne sur elle-même – ils suivent le même mouvement que le reste, car ils possèdent une inertie. Galilée surmonta ainsi le principal problème de la théorie de la rotation de la Terre autour du Soleil.

L'Univers de Newton

Galilée meurt en 1642, reclus dans sa maison. Le jour de Noël de la même année, un savant très astucieux naît en Angleterre. Coléreux, maussade et excentrique, il fut néanmoins **un génie**. Son nom : **Isaac Newton**.

En 1666, Newton s'installa dans la ferme de sa mère pour fuir la peste qui décimait les villes anglaises. Un jour, dans le verger, il vit une pomme tomber d'un arbre. Il se demanda si la **gravité**, force qui tirait la pomme vers le sol, agissait aussi sur la Lune.

1666 *et après…*

Avant Newton, personne ne comprenait pourquoi la Lune tournait autour de la Terre, ou pourquoi les planètes tournaient autour du Soleil. On croyait que les dieux ou une force invisible les faisaient tourner, mais Newton découvrit **la véritable raison**.

> Hmm… *Je sens* la **GRAVITÉ** *qui agit !*

Isaac Newton (1642-1727)

Newton réalisa ceci : tout l'Univers est lié par la même

Galilée avait déjà décrit avec précision la trajectoire d'un projectile. Newton compara la Lune à **un gigantesque boulet de canon** volant trop vite pour retomber au sol. Pour expliquer cette idée, il fit un schéma montrant ce qui se passerait si on lançait un boulet de canon de plus en plus vite vers l'espace depuis le sommet d'une montagne. Au début, il s'inclinerait rapidement vers le sol. Puis, en augmentant sa vitesse, la trajectoire serait de plus en plus douce, jusqu'à devenir moins courbe que la Terre elle-même. Le boulet volerait alors sans jamais retomber. En d'autres termes, il serait **en orbite**.

Newton réalisa qu'il ne fallait aucune force pour propulser la Lune. Galilée l'avait déjà montré : un objet conserve son mouvement grâce à son **inertie**. Newton ajouta que l'inertie impose un mouvement en ligne droite, à moins qu'une force ne perturbe l'objet. La Lune « veut » se déplacer en ligne droite, mais la gravité terrestre ne cesse de la retenir, lui imposant cette trajectoire courbe.

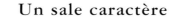

Le schéma de Newton

Newton déduisit également que les planètes « tombaient » vers le Soleil, attirées par la gravité puissante du Soleil. Après des années de travail pendant lesquelles il inventa un nouveau domaine des mathématiques – le calcul différentiel et intégral –, il décrivit le mouvement des planètes avec précision. Il établit une théorie de la gravitation et trois « lois du mouvement » qui gouvernent *tout déplacement dans l'Univers*, des atomes aux galaxies. Cela reste **la plus grande découverte scientifique de tous les temps**.

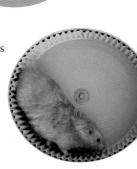

Maquette du système solaire datant du XIXe siècle, avec le Soleil au centre.

Un sale caractère

Newton détestait les gens et passa la majeure partie de sa vie solitaire. À l'école, il était un garçon à part et n'avait que peu d'amis. Il occupait son temps libre à fabriquer des objets peu communs, comme par exemple un moulin actionné par des souris. Il devint un adulte querelleur, accusant certains savants de le plagier. Il menaça même ses parents de brûler leur maison et de les tuer. Certains de ses travaux peuvent aussi surprendre. Pendant des années, il essaya de fabriquer de l'or (ce qui est impossible) et s'inspira de la Bible pour calculer l'âge de la Terre, 5000 ans – une erreur d'environ 4,5 milliards d'années.

Sens-tu la FORCE ?

La physique a débuté avec l'idée de force. Mais qu'est-ce qu'une force, et comment ça marche ? Peut-on la mettre en bouteille ou l'observer au microscope ? Ça brille dans le noir, ça pétille dans l'eau ? Eh bien… non.

Une force n'est rien de concret, c'est plutôt une idée.

Et une idée toute simple. Une force est simplement une attraction ou une répulsion. Comprendre les forces permet de répondre à toutes sortes de questions : pourquoi les Montagnes Russes font remonter ton estomac, pourquoi un chat peut-il tomber d'un bâtiment sans une égratignure, ou pourquoi un vélo accélère plus fort qu'une Formule 1 ?

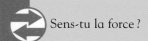

Qu'est-ce qu'une FORCE ?

Oublie *Star Wars* – une force n'a rien d'un champ d'énergie invisible qui se répandrait à travers tout l'Univers (même si de tels champs d'énergie existent). C'est beaucoup plus simple : on tire ou on pousse.

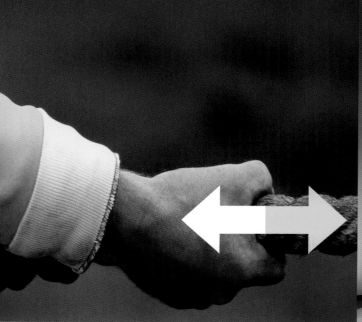

Lors d'une partie de « tir à la corde », chaque équipe essaie de faire s'avancer l'équipe adverse en exerçant une force plus grande sur la corde. Si les forces sont égales, personne ne bouge.

Ces lutteurs de sumo sont tous deux penchés vers l'avant pour essayer de pousser l'autre avec tout le poids de leur corps. Comme ils pèsent le même poids, les deux forces se compensent et aucun des lutteurs ne bouge.

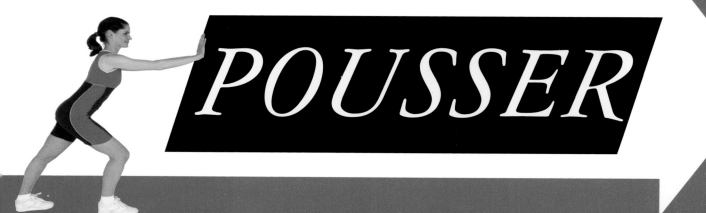

POUSSER

Certaines forces *attirent ou repoussent* des objets sans même les toucher.

Il existe des forces qui agissent *tout le temps* sur toi, que tu les sentes ou non. Pendant que tu lis ce livre, la gravité te tire vers le bas, le sol te repousse vers le haut, l'air te comprime de tous les côtés, et ton corps repousse l'air. Quand des forces se compensent, elles s'annulent et tu ne les sens pas. Mais quand les forces ne se compensent pas, il se passe des choses…

La gravité tire la maison vers le sol, mais son poids gigantesque est compensé par une force exercée par le sol vers le haut, transmise par le camion.

Lorsque le poing du boxeur frappe violemment le sac, celui-ci résiste en exerçant une force due à son propre poids. Mais ces forces ne se compensent pas, et le sac s'incline sur le côté.

TIRER

C'est *la* LOI !

Alors qu'il mettait au point sa théorie sur le mouvement des planètes, **Isaac Newton** établit trois lois simples expliquant l'influence des forces sur le mouvement d'un objet. Ces « lois du mouvement » sont les fondements de la mécanique et s'appliquent à tout, des atomes aux planètes, en passant par les puces et les ballons.

Isaac Newton
(1642-1727)

1 — PREMIÈRE LOI

Un objet qui n'est pas soumis à une force *reste immobile* ou *conserve* un mouvement rectiligne à vitesse constante.

2 — DEUXIÈME LOI

Une *force* qui agit sur un objet en modifie la vitesse. Plus la force est intense et l'objet léger, plus l'*accélération* est grande.

3 — TROISIÈME LOI

Toute action implique une réaction de *même intensité* et de *sens opposé*.

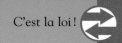

... c'est-à-dire

si tu pousses un chariot puis le lâches, il continuera sa course en ligne droite jusqu'à ce qu'il heurte un obstacle.

Cette loi est relative à l'*inertie*. Il nous paraît évident qu'un objet reste immobile tant que rien ne le pousse, mais que se passe-t-il s'il est déjà en mouvement ? Dans notre quotidien, un objet ne garde pas une vitesse constante éternellement – il tend à s'arrêter. Les forces de *frottement* notamment le ralentissent. Mais si l'on élimine les frottements – en patinant sur la glace, en s'asseyant dans un chariot, ou en allant dans l'espace –, la première loi de Newton se vérifiera immédiatement.

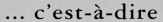

... c'est-à-dire

il est plus facile d'accélérer sur un vélo de course très léger qu'au volant d'un semi-remorque.

Cette loi prévoit ce qui va se passer lorsqu'on pousse un objet. Dans le langage commun, l'« accélération » désigne une augmentation de vitesse, ce qui est le cas lorsqu'on pousse un objet vers l'avant. Plus tu appuies fortement sur les pédales d'un vélo, plus il avance vite. Et plus le vélo est léger, plus il t'est facile d'accélérer. En physique, l'accélération est plus générale. Elle désigne toute *variation de vitesse*, dès que l'objet n'est plus immobile ou en mouvement rectiligne à vitesse constante. Ainsi, lorsque tu utilises les freins, leurs frottements entraînent une *accélération « négative »* (on décélère).

... c'est-à-dire

lorsqu'une fusée expulse des gaz d'échappement, ceux-ci propulsent la fusée vers le haut, dans l'espace.

Newton constata que les forces (qu'il appelait « actions ») existent *toujours par deux*. Si un objet en pousse un autre, alors ce dernier repousse le premier avec la même intensité. Les forces ont la même valeur, mais leurs effets peuvent différer. Lorsque tu lances une balle, celle-ci exerce une force sur ta main, mais seule la balle s'éloigne. Lorsque tu appuies énergiquement sur le sol, celui-ci te repousse en l'air – tu sautes. La force exercée par tes pieds agit aussi sur la Terre, même si les effets sont imperceptibles.

De la PHYSIQUE

Pour **vérifier les lois de Newton**, monte sur ton vélo et va te promener.

1

Le démarrage

Avant le départ, ton vélo est immobile, car il n'est soumis à aucune force ; la première loi de Newton s'applique. Lorsque tu démarres, tu exerces une force sur les pédales et le vélo accélère ; c'est la deuxième loi de Newton. Si le vélo est léger, tu vas accélérer rapidement ; c'est encore la deuxième loi de Newton.

2

La descente

Tu entames une descente. Une autre force te fait alors accélérer : la gravité. Tu vas de plus en plus vite, sans utiliser les pédales. Tu vas même trop vite et tu dois donc utiliser les freins. Ils frottent sur les roues, ce qui ralentit le vélo.

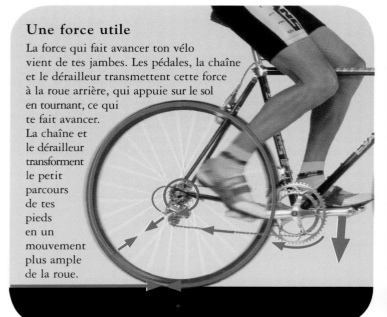

Une force utile

La force qui fait avancer ton vélo vient de tes jambes. Les pédales, la chaîne et le dérailleur transmettent cette force à la roue arrière, qui appuie sur le sol en tournant, ce qui te fait avancer. La chaîne et le dérailleur transforment le petit parcours de tes pieds en un mouvement plus ample de la roue.

3

4

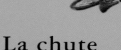

La chute

Tu as dû tirer trop fort sur les freins. Le vélo s'est arrêté, mais pas toi. L'inertie a maintenu ton corps en mouvement et tu es passé par-dessus le guidon. Il faut t'en prendre à la première loi de Newton. Tu remontes sur ton vélo. Continue ta descente !

En roue libre

Une fois arrivé en bas, ton vélo n'accélère plus, mais tu n'as pas besoin de recommencer à pédaler. Tu peux rester en roue libre. Ton vélo avance à vitesse constante grâce à la première loi de Newton. Là, ta propre inertie t'est bien utile.

Quels frottements ?

Ce qui te ralentit lorsque tu pédales sur le plat est la traînée – des frottements complexes dus à l'air. Une posture abaissée, des vêtements moulants et un casque aérodynamique permettent de la réduire.

... sur un *vélo ?*

Sur le plat

En continuant en roue libre, tu ralentis. D'après la première loi de Newton, si aucune force ne s'exerce sur un objet, il avance en ligne droite à vitesse constante. Ici, une force s'exerce donc sur le vélo. Ce sont les frottements de l'air. Pour maintenir ta vitesse, tu dois pédaler assez pour compenser ces forces de frottement.

5

La montée

Les effets de la gravité se font à nouveau sentir. Le vélo est tiré vers le bas ; à cause de la deuxième loi de Newton, tu ralentis. La gravité est plus intense que les frottements de l'air, il faut donc pédaler plus fort pour la compenser. Comme c'est fatigant de grimper !

6

Le virage

Tu tournes le guidon pour prendre le virage. D'après la première loi de Newton, à moins de subir une force, un objet suit une trajectoire rectiligne. Alors quelle force va te permettre de changer de direction ? Ce sont ici encore les frottements exercés par la route qui, pendant le virage, s'appliquent sur le côté intérieur des roues.

7

TU OBÉIRAS
à mes lois !

... et je te recommande vivement de porter un casque – tu pourrais tomber sur la tête !

8

L'adhérence

Et la *troisième loi* de Newton ? Elle explique pourquoi le vélo avance. Lorsque la roue tourne, le pneu adhère au sol et le pousse. Le sol exerce alors une force opposée qui permet au vélo d'avancer.

D'où viennent les FROTTEMENTS ?

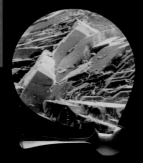

Un objet semble parfois parfaitement lisse, mais il est en réalité couvert de millions de minuscules creux et bosses, qui s'accrochent quand deux objets se frottent. Cela ralentit alors les objets ; c'est la force de *frottement*, ennemi du mouvement. Mais les frottements sont utiles, car ils te donnent aussi de l'**adhérence**.

COMMENT VAINCRE LES FROTTEMENTS

Pour vaincre les frottements, on peut couvrir les objets en mouvement d'un liquide visqueux – un lubrifiant. Si les parties mobiles d'un vélo sont bien lubrifiées, moins d'énergie sera perdue par frottement. Des solides peuvent aussi servir de lubrifiant : la neige et le sable sont tous deux constitués de petits grains qui glissent les uns sur les autres, ce qui permet de skier.

ADHÉRER

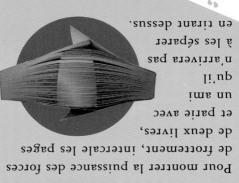

ESSAIE CECI !

Pour montrer la puissance des forces de frottement, intercale les pages de deux livres, et parie avec un ami qu'il n'arrivera pas à les séparer en tirant dessus.

Comment les mouches grimpent-elles aux murs ?

Comment les mouches peuvent-elles marcher sur le mur ou le plafond sans tomber ? En partie à cause des frottements. Leurs pattes sont munies de petits crochets qui s'accrochent au mur. Mais le secret est dans les coussinets au bout des pattes, constitués de millions de poils microscopiques, qui se fixent à n'importe quelle surface.

DES EXEMPLES

CONTRÔLE DE TRACTION

Sans frottements entre tes pieds et le sol, tu serais incapable de marcher, car tes chaussures n'accrocheraient pas le sol et tu glisserais à chaque pas. Des semelles au relief marqué procurent une adhérence maximale, ou « traction », idéale sur les surfaces glissantes.

DEUX TYPES DE FROTTEMENTS

On distingue les frottements statiques des frottements de glissement. Les frottements statiques, très puissants, empêchent de mettre en mouvement facilement un objet, comme par exemple une caisse lourde. Une fois la caisse en mouvement, il devient plus aisé de la déplacer, car les frottements de glissement s'avèrent plus faibles.

> Ça ne veut pas bouger !

FROTTEMENTS STATIQUES

> Facile !

FROTTEMENTS DE GLISSEMENT

Que se passe-t-il quand tu dérapes ?

Une voiture ou une moto accroche la route grâce aux **frottements statiques**. Quand une roue dérape, elle glisse sur le sol, et se trouve donc soumise à des forces de **frottements de glissement**, plus faibles que les frottements statiques. Le véhicule accroche alors moins bien la route et est plus difficile à contrôler.

Billes d'acier

Un roulement à bille produit le même effet qu'un lubrifiant. Il réduit les frottements entre les parties mobiles d'un objet. Un vélo en contient dans les roues, les pédales et la fourche.

GLISSER

Accroche-toi !

À quoi peuvent bien servir tes empreintes digitales ? Aux frottements. Elles fonctionnent comme les semelles de tes chaussures. Ta peau contient aussi des pores qui libèrent de l'eau et de l'huile, ce qui rend tes doigts plus adhérents.

DES EXEMPLES

ABS

Utilisés correctement, les freins de vélo frottent juste ce qu'il faut pour le ralentir. Si tu freines trop fort, les frottements statiques l'emportent, la roue se bloque et dérape. Sur les routes gelées, les pneus ont moins d'adhérence et peuvent déraper facilement. Pense à freiner seulement de l'arrière, doucement et souvent.

Faire du feu

Les frottements dissipent une partie de l'énergie du mouvement en chaleur. (Pour le vérifier, frotte tes mains très fort l'une contre l'autre). Si les frottements sont importants, la chaleur déclenche un feu. Cette découverte date d'il y a environ 500 000 ans, lorsque quelqu'un eut la brillante idée de frotter deux bouts de bois l'un sur l'autre.

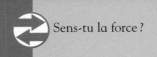

vitesse = distance ÷ temps

Pour calculer une vitesse, divise la distance parcourue par la durée du parcours. Si par exemple tu cours 24 km en 2 heures, ta vitesse est 12 km/h. Si tu cours vers le nord, puis que tu tournes vers l'est, la direction de la vitesse change sans que sa valeur ne varie.

À quelle vitesse peut-on aller sur Terre ?

La vitesse dépend d'où on se trouve. On est plus lent dans l'eau, car les frottements y sont plus importants. Le sous-marin le plus rapide du monde est plus lent qu'un bus. Sur Terre, les frottements avec le sol te ralentissent. Un seul véhicule terrestre a dépassé la vitesse du son (1 224 km/h) – une voiture anglaise nommée *Thrust SSC*. Voyager plus vite que le son est facile dans l'air. Les jets dépassent le mur du son, créant des nuages étranges et des bruits d'explosion.

À quelle vitesse peut-on aller dans l'espace ?

Dans l'espace, il n'y a pas d'air, donc pas de frottements. Un véhicule spatial peut y atteindre des vitesses de plusieurs milliers de kilomètres par heure. Mais on ne ressent le mouvement que *si on accélère*. Quelle que soit la puissance d'une fusée, elle ne pourra jamais dépasser 300 000 km/s – la vitesse de la lumière : c'est la vitesse limite.

Quelle est *ta*

Sur Terre, les objets ne se déplacent que rarement en ligne droite et à vitesse constante – ils accélèrent, ralentissent,

Quelle est la vitesse maximale...

... d'un engin habité ?

... d'une voiture ?

... d'une voiture routière ?

... d'un cycliste ?

... d'une caravane ? 224 km/h

... d'un animal terrestre ? 100 km/h
guépard

... d'un char ? 82 km/h
Scorpion Peacekeeper

... d'un sous-marin ? 74 km/h
modèle russe *Alpha*

... d'un insecte ? 58 km/h
libellule

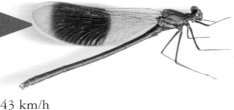

... d'un être humain ? 43 km/h

VITESSE ?

changent de direction. Pour connaître le mouvement d'un objet, il faut connaître sa *vitesse* et son *accélération*.

252 800 km/h
sonde *Hélios*

d'une sonde spatiale?

40 000 km/h
module *Apollo*

1 228 km/h
Thrust SSC

349 km/h
McLaren F1

269 km/h *

Records de vitesse

La vitesse maximale d'un objet dépend de 3 facteurs : sa puissance, son poids et les frottements qu'il subit. Avec un rapport poids/puissance favorable, même la plus petite des libellules va plus vite qu'un champion olympique de sprint.

> Quelle est notre vitesse *réelle* ?

* Cet incroyable record de vitesse à vélo a été obtenu en roulant derrière un dragster.

La vitesse est relative. Tu peux avoir l'impression d'être immobile en lisant ce livre, mais réfléchis un instant. La Terre tourne sur elle-même, ce qui veut dire que tu te déplaces vers l'est à 1 100 km/h. Et la Terre ne fait pas que ça – elle tourne également autour du Soleil, à une vitesse de 108 000 km/h par rapport au Soleil, et donc toi aussi. Et puis le Soleil voyage à travers l'espace à près de 2 millions de km/h. Donc, quelle est notre vitesse *réelle* ? Il n'y a pas de réponse exacte – tout dépend du point de vue.

accélération = variation de vitesse ÷ temps

L'accélération est la rapidité selon laquelle ta vitesse varie. C'est une notion compliquée. Ce n'est pas qu'une augmentation de vitesse, c'est **tout changement de la vitesse**. Lorsqu'on ralentit, on subit une accélération, et aussi lorsqu'on change de direction, car la vitesse a une direction.

Quelle est cette force ?

Si la vitesse n'a aucun effet sur nous, on ressent *l'accélération*. Lorsqu'une voiture puissante accélère, on est plaqué au dossier. De même, on est propulsé vers l'avant lorsqu'on freine, et tiré vers le côté dans un virage. C'est l'inertie, et non réellement des forces, qui veut nous maintenir en mouvement rectiligne à vitesse constante. Mais les effets ressemblent à ceux de la gravité. On dit qu'on subit des *g*. Dans un ascenseur, l'accélération agit comme la gravité, et nous nous sentons plus lourd ou plus léger que dans la réalité.

MONTÉE

DESCENTE

L'accélération nous « rend » plus lourd.

L'accélération nous « rend » plus léger.

La gravité

Les *sensations fortes* qu'on éprouve sur des montagnes russes sont dues à l'accélération. À chaque boucle, chaque vrille et chaque virage, la vitesse du train change. Et à chaque variation de la vitesse, on subit des *g*.

La force de gravitation agit sur toutes les parties de ton corps, en particulier les organes internes, qui sont reliés assez librement au reste du corps. Lorsque le train plonge brusquement, ton estomac et tes intestins viennent appuyer sur tes poumons. Et lorsque le train remonte, tous tes organes internes sont écrasés vers le bas.

Au bas d'une descente de montagnes russes, l'accélération *triple* ton poids.

Au sommet d'une montagne russe, tu subis des **g *négatifs***. L'accélération agit à l'opposé de la gravité et annule notre poids. Tu as la sensation de flotter. Les passagers de l'arrière et de l'avant subissent le plus de g négatifs, car ils passent le sommet le plus vite.

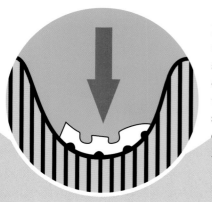

Dans le creux d'une montagne russe, tu subis des **g *positifs***, qui amplifient la gravité et te plaquent contre ton siège, ce qui triple ton poids. Les passagers du milieu subissent le plus de g positifs, car ce sont eux qui passent en bas le plus vite.

Un pilote de chasse subit 9 g dans les virages serrés. Cette accélération énorme pousse le sang de la tête vers les pieds, et peut rendre le pilote inconscient, à moins qu'il ne porte une combinaison spéciale et qu'il contracte les muscles du bas du corps.

En 1954, le chercheur américain John Paul Stapp a subi 46,2 g au nom de la science. Harnaché dans un traîneau propulsé par un réacteur de fusée, il freina de 1 017 km/h à zéro en 1,25 seconde – comme s'il percutait un mur de brique à 190 km/h. Il a survécu (il n'y avait pas de mur), mais son sang lui est monté à la tête et l'a momentanément aveuglé ; ce phénomène s'appelle « voile rouge ».

Combien de *g* peux-tu subir ?

Le corps humain supporte mal les g négatifs, car le sang monte au cerveau et des vaisseaux peuvent éclater sous la pression. En revanche, on peut supporter brièvement beaucoup de g positifs.

$-3\ g$	Accélération négative qu'on peut subir sans dommage.
$0\ g$	Apesanteur, dans l'espace.
$1\ g$	Gravité normale.
$3\ g$	Accélération maximale que tu subis dans des montagnes russes.
$4,3\ g$	Accélération maximale que peut subir un avion de ligne.
$5\ g$	Évanouissement si l'on subit cette accélération durant un certain temps.
$5,1\ g$	Accélération subie par un pilote de dragster, qui passe de 0 à 100 km/h en une ½ seconde.
$9\ g$	Les pilotes de chasse sont entraînés à subir ces accélérations.
$46,2\ g$	Accélération maximale qu'a subi délibérément un être humain.
$100\ g$	Subir une telle accélération est quasiment toujours fatal.
$180\ g$	Accélération maximale à laquelle a survécu un être humain.

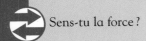

ÉNERGIE

Les forces n'auraient aucun effet si l'énergie n'existait pas. Quand une force agit sur un objet, il gagne ou cède de l'énergie : il y a échange.

TYPES D'ÉNERGIE

 L'*énergie potentielle* est l'énergie emmagasinée quand on soulève un objet, qu'on comprime un ressort ou qu'on étire un élastique.

 L'*énergie chimique* est stockée dans les molécules. La nourriture, le pétrole et les carburants sont riches en énergie chimique.

 L'*énergie cinétique* est celle que possède un objet du fait de son mouvement. Plus un objet va vite, plus il a d'énergie cinétique.

 La lumière est de l'énergie pure qui voyage à une vitesse folle. La majeure partie de l'énergie utilisée sur Terre vient du Soleil.

 La chaleur est l'énergie d'agitation des atomes et molécules. Plus un objet est chaud, plus ses atomes sont agités.

 L'*énergie électrique* est une énergie qui peut voyager dans des fils quasiment sans perte.

 L'*énergie noire* est une énergie mystérieuse qui pourrait expliquer l'expansion de l'Univers.

 L'*énergie nucléaire* est libérée par la fission ou la fusion des atomes, dans le Soleil, les bombes atomiques ou les centrales nucléaires.

CONVERTIR L'ÉNERGIE

Une des lois de la physique dit que l'énergie ne peut *jamais* être détruite. Elle ne peut qu'être convertie d'une forme en une autre. L'énergie que tu utilises pour faire avancer ton vélo provient à l'origine du Soleil. Il lui a d'abord fallu passer par diverses formes avant d'arriver jusqu'à ton vélo…

Les plantes stockent l'énergie solaire sous forme d'énergie chimique.

Énergie lumineuse

L'énergie quitte le Soleil sous forme de lumière et de chaleur.

Maximise ton potentiel

L'énergie peut être stockée sous forme d'énergie potentielle. Lors de la montée dans des montagnes russes, l'énergie potentielle augmente. Lors de la descente, l'énergie potentielle est convertie en énergie cinétique, et le train va de plus en plus vite.

J'ai un maximum d'énergie potentielle !

COMMENT SE FAIT UN ÉCHANGE D'ÉNERGIE ?

L'énergie est comme la monnaie : on peut la conserver ou la dépenser pour obtenir quelque chose. L'énergie est inactive tant qu'elle est stockée. En la dépensant, on obtient quelque chose en échange – comme la lumière d'une lampe-torche – mais on n'en a plus autant en stock.

QUESTIONS

Comment mesure-t-on l'énergie ?

L'énergie se mesure en joules. Un joule correspond à l'énergie nécessaire pour lever une pomme de 1 mètre. Une ampoule consomme environ 100 joules par seconde, un sprinteur environ 1 000 et une voiture 100 000. Une part de tarte aux cerises contient 2 000 000 joules – suffisamment pour faire avancer une voiture pendant 20 secondes, ou pour lever d'un mètre deux millions de pommes.

D'où vient l'énergie ?

Dès qu'on allume la lumière ou qu'on utilise sa voiture, on consomme de l'énergie. Elle provient surtout du pétrole. Cette source d'énergie est dite non renouvelable, car elle va s'épuiser un jour. D'autres sources d'énergie, comme l'énergie solaire, sont dites renouvelables, car elles sont illimitées.

$$E = mc^2$$

Quand une bombe atomique explose, la matière est transformée en énergie pure. L'équation d'Albert Einstein prédit la quantité d'énergie (E) libérée. Pour calculer l'énergie en joules, on multiplie la masse de matière en kilogrammes (m) par un **nombre énorme** : le carré de la vitesse de la lumière (c^2). C'est ce qui rend cette arme si dévastatrice.

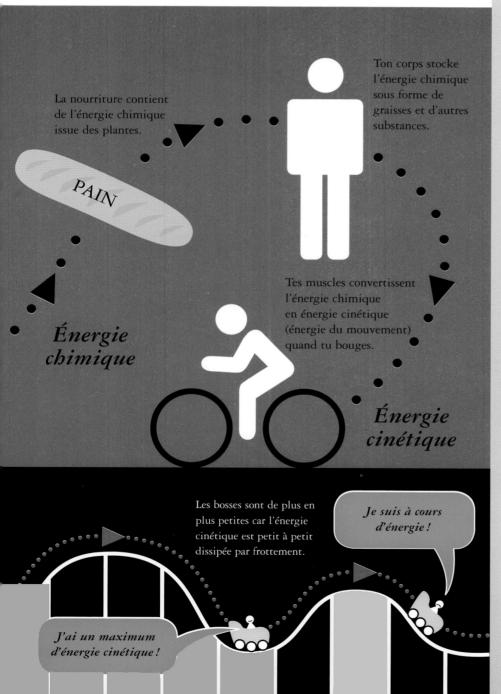

La nourriture contient de l'énergie chimique issue des plantes.

PAIN

Énergie chimique

Ton corps stocke l'énergie chimique sous forme de graisses et d'autres substances.

Tes muscles convertissent l'énergie chimique en énergie cinétique (énergie du mouvement) quand tu bouges.

Énergie cinétique

Les bosses sont de plus en plus petites car l'énergie cinétique est petit à petit dissipée par frottement.

Je suis à cours d'énergie !

J'ai un maximum d'énergie cinétique !

Comment amplifier

Les appareils qui amplifient une force sont des machines.
La plupart sont si simples que tu n'en as pas conscience. Une poignée de porte, un marteau, un décapsuleur ou une roue sont des **machines**.

Une machine fonctionne sur un principe très simple : la force exercée à un bout est modifiée à l'autre bout — généralement **amplifiée**. Essaie de sortir un clou du mur à mains nues. C'est beaucoup plus simple avec une pince, car elle *amplifie la force*.

petite force, grande distance

Le PLAN INCLINÉ

La machine la plus simple est le plan incliné, qui n'est rien qu'un nom compliqué pour désigner une rampe. Il est plus facile de transporter une charge lourde sur une rampe longue que de la lever verticalement. Mais il faut la porter plus loin.

Le LEVIER

Un levier est une machine avec un point fixe — *le pivot* — autour duquel les autres parties bougent, en faisant tourner le levier. Selon le type de levier, la force appliquée peut être amplifiée ou réduite.

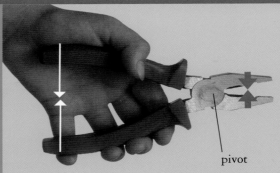

pivot

La **pince** transforme la force exercée par ta main en une force plus intense de l'autre côté du pivot. La force amplifiée se déplace sur une plus courte distance.

La ROUE

La roue aide au transport d'un objet, mais elle permet également d'amplifier ou de réduire une force. Plus une roue est grande, plus elle peut faire varier la force.

Un volant convertit la force des mains en une force très intense en son centre. La roue arrière d'un vélo fait le contraire. Elle transforme la force intense exercée par la chaîne en une force plus faible exercée sur la roue, mais allonge la distance.

Avec une *machine adaptée*, on peut soulever

une FORCE ?

Une machine ne te donne jamais rien gratuitement. Il y a forcément un revers à la médaille : plus la force exercée est amplifiée, plus la distance parcourue à l'autre bout est faible.

Autrement dit, l'énergie reste constante, car on obéit à la loi suivante :

énergie utilisée = force × distance

grande force, petite distance

La HACHE

Une hache fonctionne comme une rampe mobile, en amplifiant la force des bras. Quand la hache frappe la bûche, la force verticale exercée par la hache est transformée en une force latérale beaucoup plus intense qui fend la bûche.

La VIS

Une vis est simplement un plan incliné enroulé. Chaque tour de vis l'enfonce un peu plus dans le bois, mais avec une force beaucoup plus intense que celle exercée par ta main à l'autre extrémité. Un gros tournevis rend la tâche encore plus facile.

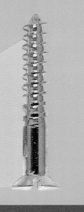

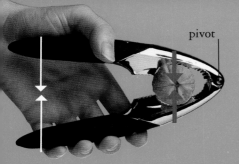

Le **casse-noix** convertit la force peu intense exercée par ta main en une force beaucoup plus intense, du même côté du pivot, mais beaucoup plus près de celui-ci.

pivot

pivot

Les **baguettes** réduisent la force exercée par ta main mais augmentent l'amplitude du mouvement, donnant une prise plus délicate.

ENGRENAGES

Un engrenage est une roue dentée qui en entraîne une autre. Dans un moteur, les engrenages sont en contact direct. Sur un vélo, par contre, ils sont reliés par une chaîne. Si la première roue a plus de dents que la seconde, celle-ci tourne plus vite, mais avec moins d'intensité. Dans le cas contraire, elle tourne moins vite, mais avec une force plus intense.

un camion *d'une seule main*.

Comment fonctionne un vélo ?

Le vélo est le moyen de transport *le plus efficace* qui ait jamais été inventé, convertissant l'énergie en mouvement vers l'avant. Comment ça marche ?

POIDS

Pour rester en équilibre, le cycliste doit ajuster sa roue avant, qui a donc une trajectoire moins droite que la roue arrière.

roue avant

roue arrière

LES ROUES ont deux
rôles. La roue arrière transmet la force des jambes au sol pour faire avancer le vélo. De plus, les roues réduisent les frottements en ne roulant que sur une petite surface de contact. Plus la roue est fine et le pneu gonflé, plus les frottements sont faibles et plus tu vas vite.

Pour tourner, tu tournes le guidon, n'est-ce pas ? Faux. Un cycliste utilise le poids de son corps pour tourner, le guidon ne servant qu'à l'équilibre. Pour tourner à gauche, tu tournes légèrement le guidon vers la droite, ce qui bascule légèrement ton corps vers la gauche. C'est le contre-braquage, qui se fait naturellement. N'essaie pas de le faire sur commande : tu risquerais de tomber !

LES RAYONS
se croisent et sont excentrés plutôt que radiaux, ce qui permet de résister plus facilement aux forces qui tordent la roue.

LE DÉRAILLEUR
contrôle la vitesse de la roue arrière et les forces qui s'y exercent. Un petit engrenage convertit un tour de pédale en plusieurs tours de roue. Un grand engrenage fait tourner la roue plus lentement, mais avec plus de force – idéal dans les côtes.

INERTIE

Si tu appuies brusquement sur le frein avant, l'inertie peut te faire passer par-dessus le guidon. Pour éviter cela, tu dois freiner progressivement, des deux freins à la fois. Sur route mouillée, il faut freiner plus doucement et plus longtemps.

LES PNEUS
créent juste assez de frottements pour adhérer à la route. L'air à l'intérieur permet d'absorber les chocs.

LES PÉDALES
convertissent le mouvement vertical des jambes en rotation. Ce sont des leviers qui amplifient la force exercée par les jambes pour tirer la chaîne.

COMMENT LE VÉLO A-T-IL ÉTÉ INVENTÉ ?

1817
Le premier vélo, c'est la « Draisienne », un engin en bois qu'on chevauchait et qu'on faisait avancer en poussant le sol avec les pieds, tout en dirigeant la roue avant avec les mains.

1863
On ajoute des pédales en 1863 pour obtenir un « vélocipède ». On ne touche plus le sol, mais il faut pédaler comme un forcené pour avancer.

1872
Pour aller plus vite, on agrandit la roue avant. Le « grand bi » est rapide, mais dangereusement instable. Il est facile de tomber du vélo, tête la première. Aïe !

FLUX D'AIR

LE GUIDON

est un levier qui permet de tourner facilement la roue avant. Plus il est large, plus on peut être précis. Les guidons de course sont tournés vers le bas, pour avoir une position plus aérodynamique.

TRAÎNÉE

Avec les montées et la circulation, la traînée est le pire ennemi du cycliste. Elle est responsable de 70 à 90 % de la résistance sur le plat, et augmente avec la vitesse. Si tu n'y crois pas, essaie de rouler face à un vent violent.

LES FREINS

accrochent la jante pour créer des frottements et ralentir le vélo. L'énergie du vélo ne disparaît pas, mais est convertie en son (le crissement) et en chaleur. Essaie de toucher la jante après avoir freiné fort, tu verras qu'elle est chaude.

Un bon moyen de réduire la traînée est de rouler juste derrière un autre cycliste, où d'invisibles tourbillons t'aident à avancer. On peut ainsi économiser jusqu'à 40 % d'énergie.

Utiliser l'énergie

Un vélo convertit 90 % de l'énergie fournie en énergie de mouvement, ce qui en fait le moyen de transport le plus efficace du monde. Une voiture convertit environ 25 % de l'énergie fournie en énergie de mouvement, dont la majorité sert à déplacer son poids important. En fait, l'énergie nécessaire pour faire 1 km à vélo ne permet de faire que 20 m en voiture. Il faut moins d'énergie pour parcourir 1 km à vélo qu'en voiture, en train, à cheval et même à pied.

- Vélo
- Marche
- Course
- Scooter
- Train et ses passagers
- Voiture avec 5 passagers
- Cheval et son cavalier
- Nage
- Voiture avec 1 passager

| 0 | 200 | 400 | 600 | 800 | 1 000 |

Énergie pour transporter une personne sur 1 km, en kcal

1884

Pour rendre les vélos plus sûrs, on réduit la roue avant et on relie le pédalier à la roue arrière à l'aide d'une chaîne et d'un dérailleur. Le résultat est le vélo qu'on connaît aujourd'hui.

1893

Inventé il y a plus d'un siècle, le vélo couché n'a jamais connu un grand succès. Pourtant, il est confortable, efficace et rapide, la position couchée créant moins de traînée que la position debout.

2006

Pour une vitesse maximale, un vélo doit être le plus léger possible. Les vélos de course sur piste n'ont pas de dérailleur, aucun frein, pas de poignées et de tout petits pneus. Avec leur cadre en carbone, ils ne pèsent que 1,5 kg.

QUESTIONS

Quelle est la limite ?

La vitesse limite d'un objet dépend de sa forme et de son poids. Un objet très léger et duveteux, comme une graine de pissenlit, a une vitesse limite quasi nulle et flotte dans l'air. La pluie a une vitesse limite égale à celle d'un coureur à pied, soit environ 27 km/h. La vitesse limite d'un chat est 100 km/h, moitié moins grande que celle d'un être humain, mais suffisamment faible pour survivre à une chute du haut d'un immeuble.

Comment tomber plus vite ?

Un parachutiste peut faire varier sa vitesse de chute en changeant de position. En écartant les bras et les jambes, il crée une traînée importante et descend à une vitesse régulière de 200 km/h. Il peut alors ouvrir son parachute en toute sécurité. Mais il peut aussi accélérer. Pour cela, il se redresse ou se laisse tomber tête en avant, les jambes droites et les bras le long de son corps, pour avoir une position plus aérodynamique. Il peut alors facilement atteindre une vitesse de 290 km/h.

À quelle vitesse TOMBE-t-on ?

Un bon moyen de découvrir comment la GRAVITÉ agit, c'est de sauter en parachute. La gravité agit sur nous à chaque instant, mais un support compense généralement ses effets. Que se passe-t-il lorsqu'il n'y a rien pour nous retenir ?

Une force modifie la vitesse d'un objet. Lorsque tu sautes en parachute, la gravité te tire vers le bas avec la même accélération qu'une McLaren F1, voiture la plus rapide du monde sur route au démarrage. En 3 secondes, tu dépasses les 100 km/h. Mais tu n'accélères pas pendant toute la chute. La traînée augmente avec la vitesse, jusqu'à te donner l'impression de te trouver en plein cœur d'une tempête. Au bout de 10 secondes de chute, les frottements compensent la gravité et tu arrêtes d'accélérer. Tu as alors atteint une VITESSE LIMITE.

TRAÎNÉE

Même si la gravité semble très impressionnante quand on chute à plus de 200 km/h, elle reste malgré tout *la force la plus faible dans l'Univers*. Tous les objets s'attirent à cause de la gravité, mais si faiblement qu'on ne la ressent pas. Il faut un objet de la taille d'une planète pour créer un effet notable.

QUESTIONS

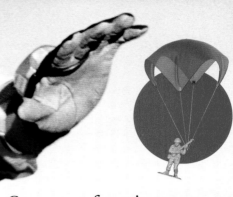

Comment fonctionne un parachute ?

Un parachute sert à augmenter la traînée. Quand il s'ouvre, la subite augmentation des frottements de l'air ralentit le parachutiste et diminue la vitesse jusqu'à environ 20 km/h. En absence d'air, un parachute ne servirait à rien. Le parachutiste accélèrerait tout au long de sa chute, puis s'écraserait au sol à plus de 1 000 km/h.

Quel est le plus haut saut en parachute ?

Le saut le plus haut a eu lieu en août 1960 lorsque le pilote américain Joseph Kittinger sauta d'un ballon à hélium, à 31 330 m d'altitude – 3,5 fois plus haut que l'Everest. L'air est moins dense à cette altitude et crée moins de traînée. Kittinger atteint une vitesse limite de 989 km/h – plus vite qu'une balle de pistolet – et devient l'homme le plus rapide de l'histoire.

Un *vent* décoiffant

Sur ces photos, tu peux voir l'effet que produit la traînée sur le visage d'un parachutiste sans masque ni visière. Lorsque la vitesse de l'air passe de 440 à 560 km/h, l'air étire la peau et écarte la mâchoire. Un parachutiste ne chute jamais assez vite pour en faire l'expérience, mais un pilote de chasse peut le ressentir lorsqu'il s'éjecte de son avion.

GRAVITÉ

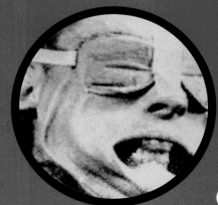

Comment un AVION

Quelle est la meilleure forme pour voler ?

La forme idéale d'un avion dépend de son rôle. Avec de grandes ailes, il planera mieux mais sera plus lent et moins maniable. Des ailes courtes le rendront plus manoeuvrable.

Un avion de chasse, comme l'Eurofighter, a des ailes courtes et larges, ce qui permet d'effectuer des virages serrés.

Plus la soute est grande, plus un avion peut transporter de matériel. Le Boeing Super Guppy transporte des avions entiers de 26 tonnes.

Comme les ailes d'un hélicoptère tournent, il n'a pas besoin d'avancer pour avoir de la portance. Il peut voler sur place, en arrière ou sur le côté.

Les insectes sont plus agiles que les avions. Une abeille bat des ailes 200 fois par seconde, et certains moucherons 1 000 fois par seconde.

Si on sort la main par la vitre d'une voiture, légèrement tournée vers le haut, on sent une force la pousser vers le haut. C'est la **PORTANCE**, qui permet aux avions de rester en l'air. D'où vient cette portance ?

De longues ailes créent une grande portance mais une faible traînée, ce qui permet à un planeur d'avancer sans moteur.

PORTANCE

Air rapide, faible pression

flux d'air

Air lent, forte pression

L'AILE

d'un avion n'est pas juste tournée vers le haut comme l'est la main dans la voiture ; elle a aussi un profil particulier, arrondie au dessus et plane en dessous. L'angle et la forme de l'aile font que l'air circule plus vite au dessus qu'en dessous. De l'air se déplaçant vite exerce une pression plus faible que de l'air lent, ce qui pousse l'aile vers le haut. Cette poussée est la PORTANCE.

reste-t-il en l'AIR ?

La troisième loi de Newton nous explique d'où vient la portance. Quand on sort la main de la voiture, elle pousse l'air vers le bas. En réaction, l'air exerce une force de même intensité vers le haut. La main pousse aussi vers l'avant, ce qui est compensé par une force de même intensité et de sens opposé : *LA TRAÎNÉE*.

EXPÉRIENCE

Balle flottante

Les avions utilisent le fait que de l'air lent exerce plus de pression que de l'air rapide. C'est l'effet Bernoulli, que tu peux mettre en évidence en faisant un petit tour de magie. Place une balle de ping-pong dans le flux d'air au dessus d'un sèche-cheveux, qui emprisonne la balle. Si elle essaie de sortir du flux, l'air extérieur au flux, lent, exerce une pression forte et la repousse.

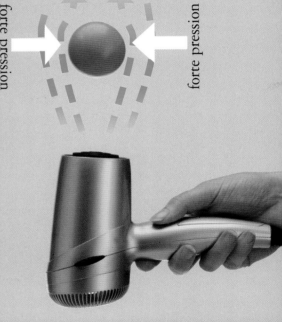

forte pression — forte pression

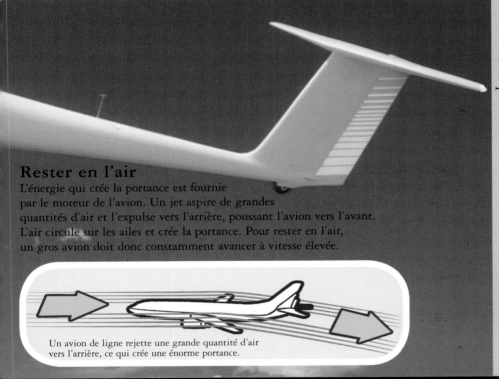

Rester en l'air

L'énergie qui crée la portance est fournie par le moteur de l'avion. Un jet aspire de grandes quantités d'air et l'expulse vers l'arrière, poussant l'avion vers l'avant. L'air circule sur les ailes et crée la portance. Pour rester en l'air, un gros avion doit donc constamment avancer à vitesse élevée.

Un avion de ligne rejette une grande quantité d'air vers l'arrière, ce qui crée une énorme portance.

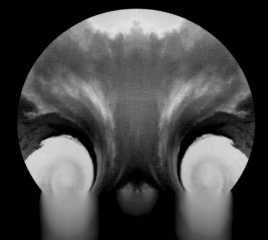

Les *turbulences* derrière un *gros porteur* peuvent RETOURNER un petit avion.

Gare aux turbulences !

Au bout d'une aile d'avion, l'air à forte pression du dessous de l'aile rencontre l'air à basse pression du haut de l'aile, ce qui crée des tourbillons – les turbulences. Les turbulences consomment une partie de l'énergie fournie et contribuent donc à la traînée.

Pourquoi une **BALLE** de **GOLF** a-t-elle des alvéoles ?

Alors qu'un avion doit être le plus lisse possible pour voler, c'est le contraire pour une balle de golf. Les quelque 300 alvéoles d'une balle de golf la font voler trois fois plus loin qu'une balle lisse. Voilà comment…

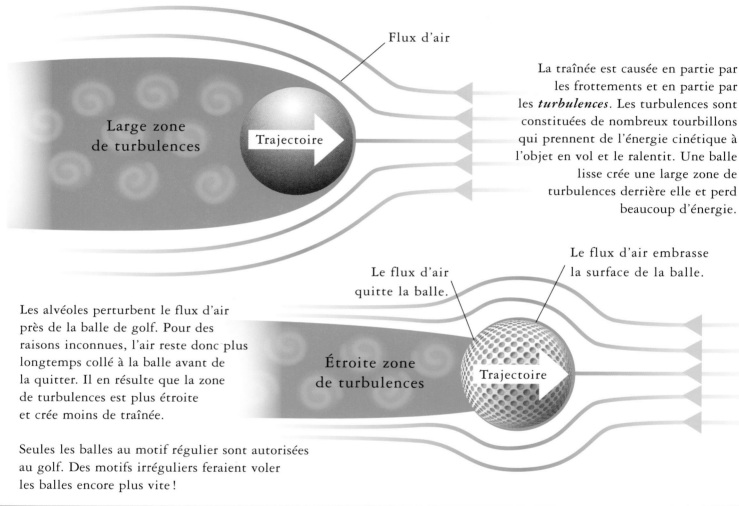

Flux d'air

Large zone de turbulences

Trajectoire

La traînée est causée en partie par les frottements et en partie par les *turbulences*. Les turbulences sont constituées de nombreux tourbillons qui prennent de l'énergie cinétique à l'objet en vol et le ralentit. Une balle lisse crée une large zone de turbulences derrière elle et perd beaucoup d'énergie.

Le flux d'air embrasse la surface de la balle.

Le flux d'air quitte la balle.

Les alvéoles perturbent le flux d'air près de la balle de golf. Pour des raisons inconnues, l'air reste donc plus longtemps collé à la balle avant de la quitter. Il en résulte que la zone de turbulences est plus étroite et crée moins de traînée.

Étroite zone de turbulences

Trajectoire

Seules les balles au motif régulier sont autorisées au golf. Des motifs irréguliers feraient voler les balles encore plus vite !

COMMENT FONCTIONNE UNE BALLE DE FUSIL ?

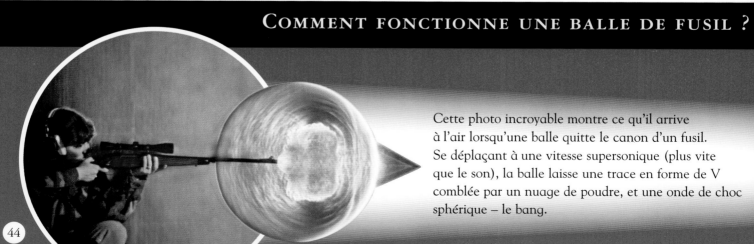

Cette photo incroyable montre ce qu'il arrive à l'air lorsqu'une balle quitte le canon d'un fusil. Se déplaçant à une vitesse supersonique (plus vite que le son), la balle laisse une trace en forme de V comblée par un nuage de poudre, et une onde de choc sphérique – le bang.

Peux-tu *la jouer comme* ZIDANE ?

Un footballeur ne se contente pas de faire tourner un ballon, il peut aussi le faire partir droit, avant qu'il ne change subitement de direction et se faufile dans le but. Le secret d'une telle prouesse est l'effet Magnus.

5. Comme la pression est plus forte à droite, le ballon est poussé vers la gauche et sa trajectoire s'incurve.

BUT !

3. De ce côté, le tourbillon tourne en sens contraire au flux d'air, ce qui augmente la pression.

4. De ce côté, le tourbillon tourne dans le même sens que le flux d'air, ce qui diminue la pression.

2. Le ballon en rotation entraîne avec lui l'air à sa surface, créant un tourbillon.

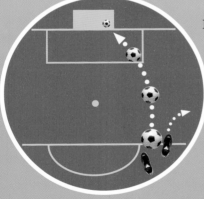

L'effet Magnus dépend de la vitesse. Un ballon rapide avance droit, et un ballon lent peut tourner fortement. Un joueur doué peut contrôler la trajectoire du ballon en lui donnant à la fois de la vitesse et de la rotation. Le ballon file droit au début lorsqu'il va vite, avant de piquer au dernier moment vers le but, lorsqu'il a perdu suffisamment de vitesse.

1. Le joueur frappe le ballon sur le côté pour le faire tourner sur lui-même.

Le canon d'un fusil est strié. Ces stries font tourner la balle sur elle-même en vol, créant une inertie particulière (inertie gyroscopique) qui stabilise la balle. Une balle en rotation suit une trajectoire rectiligne, donnant une précision diabolique au fusil.

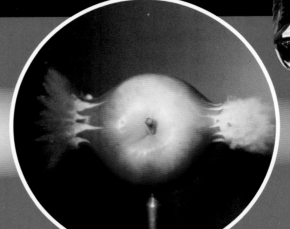

En raison de sa vitesse, qui peut aisément dépasser 1 000 km/h, une balle de fusil a une énergie cinétique importante. C'est cette énergie qui la rend si dévastatrice.

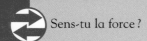

QUESTIONS

Pourquoi une voiture ne décolle-t-elle pas ?

Rester au sol est difficile pour une voiture de course. L'air passe aussi bien au-dessous de la voiture qu'au-dessus, et celle-ci pourrait se soulever comme une aile d'avion.

Un gros porteur de 360 tonnes décolle dès 290 km/h. Alors comment fait une Ferrari d'une tonne pour rester au sol à 300 km/h. L'explication vient de l'aileron – une aile inversée à l'arrière de la voiture. L'aileron crée une portance négative, plaque la voiture au sol et augmente l'adhérence.

Machines de vitesse

Comme les avions, une voiture a une forme adaptée à sa fonction. Un dragster doit accélérer en ligne droite. Une forme très allongée et des ailerons à l'avant et à l'arrière limitent la tendance à décoller. D'immenses roues arrière transmettent la puissance du moteur, accélérant la voiture de 0 à 530 km/h en moins de 5 secondes.

La meilleure *forme* pour

La forme des voitures a beaucoup changé en cent ans. Les premières voitures ressemblaient à de gros tracteurs – même forme, même bruit et même vitesse d'escargot.

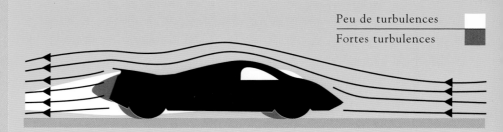

Peu de turbulences

Fortes turbulences

GARDER UN PROFIL BAS

L'aérodynamique est l'étude des flux d'air autour des objets. Une voiture doit se frayer un passage à travers l'air, ce qui est de plus en plus difficile à mesure que la vitesse augmente. La première règle de l'aérodynamisme est donc de perturber le moins possible l'air. Il vaut mieux construire une voiture longue et basse que cubique et haute.

Souffleries

Dans le passé, il fallait construire des maquettes à taille réelle des nouveaux modèles de voitures et les tester dans une soufflerie (à gauche), qui montrait les flux d'air à l'aide de jets de fumée. De nos jours, des ordinateurs peuvent modéliser les flux d'air, ce qui permet d'améliorer l'aérodynamique d'une voiture en économisant le coût d'une maquette.

Dragster

Une voiture consomme près des *deux tiers*

une VOITURE

Les voitures de sport actuelles ont des lignes plus épurées, sont plus plates, et bien sûr plus rapides. Pourquoi ? Une raison : l'AÉRODYNAMIQUE.

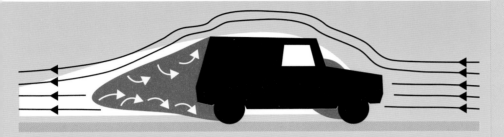

NE PAS CONFONDRE

La seconde règle est de garder un flux d'air le plus régulier possible. Comme les balles de golf et les avions, une voiture crée des *turbulences* derrière elle, ce qui coûte de l'énergie. Une forme cubique et anguleuse crée beaucoup de turbulences ; une forme lisse et douce en crée moins.

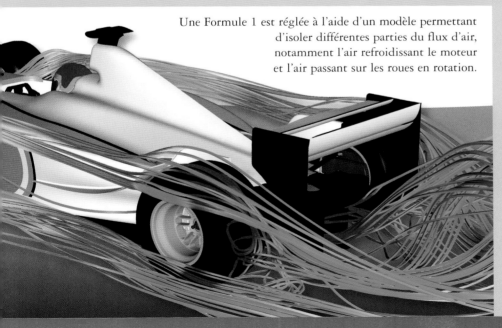

Une Formule 1 est réglée à l'aide d'un modèle permettant d'isoler différentes parties du flux d'air, notamment l'air refroidissant le moteur et l'air passant sur les roues en rotation.

Garder le poids faible

Plus une voiture est légère, plus elle accélère fort. L'Ariel Atom est trois fois plus légère qu'une voiture standard, et atteint les 100 km/h en 2,9 secondes. Pour être si légère, elle n'a pas de carrosserie (mais il y a de la place pour un parasol).

Rester allongé

Les voitures solaires sont plates comme des crêpes pour limiter la traînée et augmenter la surface des panneaux solaires. Le pilote doit alors rester allongé.

Canaliser le flux d'air

En canalisant l'air à haute vitesse du nez vers l'arrière de la voiture, la Pagani Zonda crée une zone de basse pression sous la voiture, ce qui plaque ce poids plume de carbone au sol.

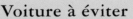

Voiture à éviter

Avant l'utilisation des souffleries, les stylistes dessinaient des voitures élancées sans se préoccuper de la physique. La Lamborghini Miura, la voiture la plus sportive des années 1960, était rapide, mais impossible à maîtriser au-delà de 240 km/h, car ses roues décollaient de la route.

de son carburant pour compenser la traînée.

Pourquoi une balle rebondit

Si on laisse tomber une balle de jonglage remplie de sable, elle perd toute son énergie cinétique et s'écrase au sol. En revanche, une balle très dense se comprime comme un ressort et stocke de l'*énergie potentielle*. En rebondissant, l'énergie stockée est reconvertie en énergie cinétique et repousse la balle vers le haut.

Une balle chaude rebondit plus haut.

Une balle de tennis perd environ la moitié de son énergie cinétique à chaque rebond, qui est donc deux fois moins haut que le précédent.

ÉLASTIQUE

Pendule de Newton

Un objet qui conserve son énergie cinétique lors d'un choc est dit *élastique*. Une bille d'acier est élastique et peut transmettre son énergie avec très peu de pertes. Dans un « pendule de Newton », une bille en frappe une autre et transmet son énergie à la rangée de billes dont la dernière s'écarte comme par magie.

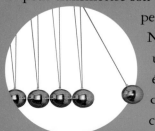

Rebond à deux balles

Choisis deux balles rebondissantes de taille différente, place l'une au-dessus de l'autre et lâche-les sur une surface dure. La balle du bas frappe le sol la première et transfère son énergie cinétique à celle du dessus, la faisant rebondir plus haut qu'elle ne l'aurait fait seule.

Quand une balle rebondit sur le sol,
*la **Terre*** rebondit très légèrement dans le sens opposé.

Capacité à rebondir

Une balle rebondit mieux lorsqu'elle stocke de l'énergie
en se comprimant plutôt qu'en s'étirant. Un objet mou
ne rebondit pas du tout. Une balle très dense rebondit
bien (même une bille), et une balle remplie d'air rebondit
bien si elle est suffisamment gonflée. Les plus efficaces
sont les billes en acier, comme celles du pendule
de Newton. Elles peuvent rebondir jusqu'à 98 %
de leur hauteur initiale.

98 % — BILLE EN ACIER

81 % — BALLE REBONDISSANTE

67 % — GOLF

56 % — BASKET-BALL

56 % — TENNIS

40 % — FOOTBALL

30 % — BASE-BALL

0 % — BALLE DE JONGLAGE

NON ÉLASTIQUE

Pourquoi un chien ne rebondit pas ?

Un objet qui ne conserve pas son énergie cinétique
lors d'un choc avec un autre objet est dit inélastique.
Les chiens ou les êtres humains sont inélastiques,
car ils ne retrouvent pas tout
de suite leur forme initiale après
un choc. Mais ils rebondissent
lorsqu'ils frappent une surface
très élastique, comme
un trampoline.

Collision

Si deux objets non élastiques entrent en collision
à haute vitesse, l'énergie cinétique ne les fait pas
rebondir mais les déforme. Lors d'un accident
de voiture, c'est
une bonne chose.
Les voitures
absorbent de l'énergie
en se déformant,
ce qui protège les occupants.

Peut-on *dormir* sur des clous ?

Un lit de clous est constitué de milliers de clous qui pointent vers le haut. On se fait sûrement piquer des milliers de fois en s'y couchant ?

En fait, si on se couche avec précaution, non. Pour découvrir pourquoi, il faut parler de PRESSION.

Sous pression

L'intensité d'une force pressante sur une surface est appelée *pression*. Quand tu enfonces une punaise dans un mur, la force exercée par ton doigt est concentrée sur une toute petite surface à la pointe. La punaise s'enfonce dans le mur. Plus la punaise est pointue, plus la pression est grande, car :

pression = force ÷ surface

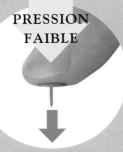

PRESSION FAIBLE

FORCE INTENSE

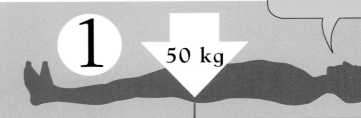

1 50 kg

AÏE !

Réfléchis maintenant à la pression qui s'exerce sur le lit de clous. En supposant que ta masse est de 50 kg, imagine que tu t'allonges sur un lit à un clou. La gravité serait concentrée sur un clou, ce qui ferait très mal.

Si maintenant tu t'allonges sur un lit de 5000 clous, ton corps en touche environ la moitié. La force exercée sur chaque clou serait de 50 kg ÷ 2500, soit 25 g – à peu près la masse d'un stylo. Ça ne va sûrement pas faire mal.

EXPÉRIENCES

« Aspire » ton bras

Pour constater les effets immenses de la pression atmosphérique, glisse le tuyau d'un aspirateur sous une manche de ton T-shirt. Mets l'aspirateur en marche pour aspirer l'air. La pression de l'air extérieur va coller le tissu contre ta peau.

Un lit de punaises

Tu peux observer les effets d'un lit de clous avec des punaises et une tomate. Commence avec une punaise et observe ce qui arrive quand tu poses l'objet dessus. Augmente le nombre de punaises jusqu'à ce que le poids de la tomate soit complètement supporté par elles.

PRESSION DE L'EAU

Liquides et gaz exercent une pression sur les objets. Quand on nage sous l'eau, les molécules d'eau appuient contre le corps. Plus on descend, plus le poids de l'eau au-dessus fait augmenter la pression. À 1 000 m, la force exercée sur chaque centimètre carré de peau est d'environ 1 tonne. Les plongeurs de grande profondeur utilisent des combinaisons spéciales pour résister à ces pressions colossales.

Pour montrer que la pression augmente avec la profondeur, découpe le haut d'une bouteille en plastique, fais une série de trous sur son côté, et remplis-la avec de l'eau. Le jet du bas va plus loin, car la pression est plus importante.

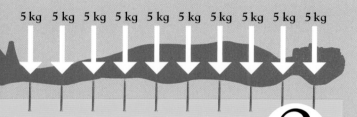

Si tu t'allonges sur un lit de 10 clous, la pression sur chaque clou est dix fois plus faible, mais encore très importante. C'est comme si tu posais une pastèque sur chaque clou.

2

3

PRESSION DE L'AIR

Pendant que tu lis ce livre, l'air exerce sur toi une pression d'environ 15 tonnes. Si ton corps n'exerçait pas la même force dans le sens opposé, tu serais écrasé instantanément. Quand la pression de l'air augmente mais que le volume ne varie pas, la température augmente. Lorsqu'on gonfle un pneu, on peut sentir la chaleur dégagée par l'air sous pression qui sort de la pompe.

Curieux arrosés

Tu veux faire une farce aux curieux ? Écris « Ne pas ouvrir » au feutre sur une bouteille en plastique et fais de petits trous dans les lettres. Remplis la bouteille et ferme le bouchon. L'eau ne fuira pas par les trous, car la pression de l'air l'empêchera de sortir. Mais si un curieux ouvre la bouteille, de l'air entrera par le goulot et il sera arrosé !

NE PAS OUVRIR

Ton prochain tour...

Remplis un verre à ras bord avec de l'eau et pose une carte dessus. Maintiens fermement la carte avec la main, puis retourne le verre au-dessus de l'évier. Enlève doucement ta main. La carte devrait rester en place, maintenue par la pression de l'air !

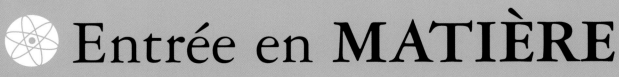

Entrée en MATIÈRE

Imagine que tu coupes
une pomme en deux, puis encore en deux,
et encore et encore des millions de fois.
Il faut un couteau très fin pour ça !

Après quelques milliards d'années
de découpage, il arrive un moment
où tu ne peux plus découper. Tu es arrivé
à la petite brique à partir de laquelle
est construit tout l'Univers : l'ATOME.

On a longtemps cru que c'était la plus petite chose existante.

Puis quelqu'un découvrit qu'on pouvait
découper l'atome, ce qui ouvrit la porte
vers un monde étrange…

De quoi *est faite* la

TOUT est fait d'atomes. Une maison, un arbre, une voiture, un chien, l'air, ton corps, la pluie, TOUT EST FAIT D'ATOMES.

La durée de vie moyenne d'un atome est de cent

Quelle est la taille d'un atome ?

Un atome est minuscule. Un demi-million d'atomes alignés peuvent se cacher derrière un cheveu, et il faut 300 milliards de milliards d'atomes pour faire une goutte d'eau. Pour voir les atomes dans la goutte d'eau de la photo, il faudrait qu'elle fasse 320 km de largeur.

À quoi ressemble un atome ?

Un atome ne ressemble à rien. C'est bien trop petit pour renvoyer la lumière, et la question n'a donc aucun sens. Il est néanmoins possible de voir le champ électrique autour d'un atome. La photo ci-dessous montre un amas d'atomes d'or (en rouge et en jaune) sur une couche d'atomes de carbone (en vert).

Quelle est la durée de vie d'un atome ?

Les atomes sont quasi indestructibles. Quand on meurt, les atomes de notre corps ne meurent pas, ils sont recyclés. Environ un milliard de nos atomes ont un jour appartenu à Jules César, Jésus et Aristote. Personne ne connaît la durée de vie exacte d'un atome, mais un scientifique réputé a donné une estimation d'environ 100 000 000 000 000 000 000 000 000 000 000 000 d'années.

Tu as 1 million de particules à moi.

Aristote

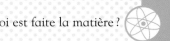

MATIÈRE ?

TE CONSTITUER.

Les atomes de TON CORPS ont tous fait partie de millions d'autres créatures avant de

... *millions de milliards de milliards de milliards d'années.*

Comment a-t-on découvert l'atome ?

La première preuve de l'existence des atomes a été le fait que certaines espèces chimiques se combinaient toujours dans les mêmes proportions pour former une molécule. Plus tard, des chercheurs ont expliqué la pression et la température d'un gaz en supposant le gaz constitué de millions d'atomes très mobiles.

Peut-on « casser » un atome ?

Quand les scientifiques découvrirent l'atome il y a 200 ans, ils pensaient que c'était le plus petit morceau de matière, impossible à séparer. Mais un atome peut être cassé – il te suffit de frotter tes cheveux, et tu en casseras. Par contre, séparer la partie centrale d'un atome (le noyau) est très difficile, et peut causer une explosion nucléaire.

Qu'est-ce qu'une molécule ?

Les atomes tendent à se lier. Ils s'attirent fortement et s'assemblent en molécules. Une molécule d'eau (H_2O) est constituée de trois atomes : un gros atome d'oxygène lié à deux petits atomes d'hydrogène. Quasiment tout ce que tu vois ou touches est fait de molécules.

Qu'y a-t-il *dans* l'ATOME ?

Un atome est comme une poupée russe. On a longtemps pensé que l'atome était le plus petit constituant de la matière, mais on a découvert une multitude de particules plus petites à l'intérieur. Dans le noyau, il y a des protons et des neutrons, eux-mêmes constitués de quarks. On ne connaît rien de plus petit pour l'instant, mais certains pensent qu'il pourrait exister des particules encore plus petites.

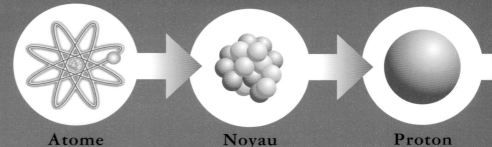

Atome   **Noyau**   **Proton**

L'atome est un vrai ZOO de particules encore plus petites. Ces particules habitent un monde étrange où les lois habituelles de la physique ne s'appliquent pas.

ÉLECTRON

Les électrons tournent autour du noyau, qui les attire. On a d'abord décrit l'atome comme un système solaire en miniature, mais la vérité est bien plus étrange. Un électron n'est jamais à un endroit précis. Il est en plusieurs endroits à la fois, comme un nuage de possibilités. Plus étrange, un électron peut passer d'un endroit à un autre sans traverser l'espace – il fait un « saut quantique ».

NEUTRON

Un neutron est une particule électriquement neutre. Il peut devenir un proton en « expulsant » un électron, ce qui le rend positif. La plupart des atomes ont à peu près le même nombre de neutrons que de protons, mais les gros atomes ont un excès de neutrons. Cet excès augmente l'interaction forte qui assure la cohésion du noyau. Isolé, un neutron se désintègre en 886 secondes.

NOYAU

Le noyau de l'atome est le centre solide de l'atome, où est concentrée la quasi-totalité de sa masse. Il est étonnament petit, occupant un millionième de milliardième du volume de l'atome. Si un atome avait la taille d'une cathédrale, le noyau ne serait pas plus grand qu'une mouche. Les électrons étant encore plus petits (et même sans dimension), un atome est essentiellement constitué de vide.

QUARK

Les protons et les neutrons sont constitués de trois particules très étranges, des quarks. Un quark ne peut exister seul – il doit former une paire ou un triplet. Parfois, des paires de quarks surgissent de nulle part, sans aucune raison. L'interaction forte, qui stabilise le noyau, est transmise par ces paires de quarks qui disparaissent ensuite comme elles sont apparues.

PROTON

Le noyau est constitué de deux types de particules : protons et neutrons. Un proton est chargé positivement et attire les électrons chargés négativement. Un noyau peut contenir plus de 100 protons. Alors pourquoi toutes ces particules positives ne se repoussent pas, faisant éclater l'atome ? La réponse est qu'ils sont maintenus ensemble par une force qui n'existe qu'à l'intérieur du noyau : l'interaction forte.

CORDE

Imagine-toi réduit à l'échelle de l'atome, puis encore de la même quantité, puis encore une troisième fois. Que verrais-tu ? Selon les théories les plus récentes, tu verrais des « cordes ». D'après cette théorie, les particules d'un atome sont issues des différentes vibrations d'une même corde, tout comme différentes notes peuvent être jouées par une même corde de violon.

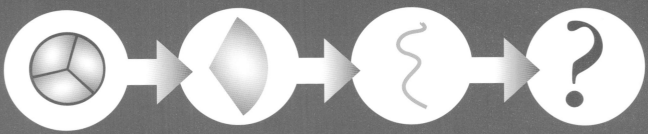

3 quarks   1 quark   Corde

Comment COLLER un *ballon* au mur ?

QUESTIONS

Que se passe-t-il lorsqu'on allume la lumière ?

Alors que les ballons captent les électrons, d'autres substances – comme les métaux – laissent passer les électrons. Ce flux d'électrons est le courant électrique. Quand tu allumes la lumière, tu fermes un circuit, et le courant peut circuler à travers la lampe. Les électrons transportent l'énergie qui alimente l'ampoule.

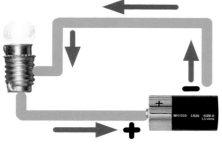

Quelle est la vitesse des électrons ?

On compare souvent l'électricité à un cours d'eau. En réalité, c'est comme une ligne de boules de billard côte à côte. Si tu frappes la première boule, la force est transmise de proche en proche. Dans un fil, les électrons se déplacent relativement lentement, mais l'énergie qu'ils transportent voyage à la *vitesse de la lumière*.

QU'EST-CE QUE L'ÉLECTRICITÉ ?

Normalement, les électrons restent dans un atome, confinés par une FORCE. Les électrons sont chargés négativement, alors que le noyau est chargé positivement. Des charges opposées s'attirent (comme les pôles opposés d'un aimant), et des charges de même signe se repoussent. Comme les électrons et le noyau ont des charges opposées, ils s'attirent et restent ensemble, formant les atomes. Mais ils ne restent pas toujours ensemble. Parfois, des électrons peuvent quitter un atome et emporter leur charge, ce qui crée de l'électricité.

Comment dresser tes cheveux sur ta tête ?

On pense généralement à l'électricité qui circule dans les fils, mais parfois des électrons s'accumulent à un endroit. Lorsque cela arrive, il se crée de l'*électricité statique*. Elle peut être créée de façon simple en frottant des objets. Si tu frottes tes cheveux avec un t-shirt en polyester, des électrons vont être arrachés de tes cheveux, qui se chargent alors positivement. Ils se repoussent et se dressent sur ta tête.

Brève *histoire* de l'ÉLECTRICITÉ

1700

Les Grecs découvrent l'électricité statique dans l'ambre en 600 av. J.-C.

Vers 1700, des savants construisent une machine qui crée des éclairs intenses d'électricité statique.

1730

Le savant anglais Stephen Gray suspend un garçon à une corde et le charge d'électricité statique. Il montre que le corps humain peut être chargé, comme l'ambre.

1752

L'Américain Benjamin Franklin fait voler un cerf-volant lors d'un orage pour prouver que les éclairs sont chargés d'électricité. Il introduit les notions de charge positive et négative.

Frotte un ballon contre tes cheveux et approche-le du mur. Il y restera collé, mais pourquoi ? C'est la même chose qui confine les électrons autour du noyau : L'ÉLECTRICITÉ.

Pourquoi le ballon se colle-t-il au mur ?

C'est l'électricité statique qui fait que le ballon se colle au mur après avoir été frotté sur tes cheveux. En frottant le ballon, des électrons quittent tes cheveux et vont sur le ballon, le chargeant négativement. Quand tu colles le ballon contre le mur, ces électrons repoussent les électrons du mur et rendent la surface positive. Le ballon chargé négativement peut alors coller au mur chargé positivement.

Des charges opposées *s'attirent*, des charges similaires *se repoussent*.

Coup de foudre sur la moquette

Les électrons issus de l'électricité statique essaient de s'échapper dès qu'ils sont en contact avec un objet conducteur. Cela peut se produire si rapidement qu'il peut y avoir une étincelle ou un choc électrique. Quand tu marches sur du nylon avec des chaussures à semelle en caoutchouc, ton corps se charge en électrons. Si tu touches un objet métallique (poignée de porte...), les électrons quittent ton corps et tu ressens une décharge.

QUESTIONS

D'où viennent les éclairs ?

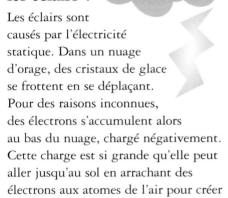

Les éclairs sont causés par l'électricité statique. Dans un nuage d'orage, des cristaux de glace se frottent en se déplaçant. Pour des raisons inconnues, des électrons s'accumulent alors au bas du nuage, chargé négativement. Cette charge est si grande qu'elle peut aller jusqu'au sol en arrachant des électrons aux atomes de l'air pour créer un chemin chargé : un éclair.

Quelle est la largeur d'un éclair ?

Un éclair a une faible largeur (2-3 cm), mais il transporte une énergie énorme. Se déplaçant à 435 000 km/h, l'éclair chauffe l'air à 28 000 °C et le fait exploser, ce qui cause le coup de tonnerre. La plupart des éclairs portent des charges négatives, mais il existe des éclairs positifs provenant du haut du nuage. Ils sont beaucoup plus dangereux et peuvent atteindre des longueurs de plusieurs kilomètres.

1753	1771	1800	1879	1897
Le savant russe George Richmann est touché mortellement par un éclair en reproduisant l'expérience de Franklin.	Le savant italien Luigi Galvani observe que la patte d'une grenouille se contracte lorsqu'elle reçoit un choc électrique. Il en conclut que l'électricité est l'essence de la vie, théorie qui inspira l'histoire de Frankenstein.	Alessandro Volta invente la pile après l'étude des contractions de la patte de grenouille de Galvani.	Après des milliers d'essais, Thomas Edison met au point l'ampoule.	Le savant anglais J. J. Thomson découvre l'électron des années après l'utilisation de l'électricité.

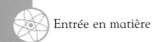
Expériences-*chocs*

Figurines bondissantes	« Puces » savantes	Tordre de l'eau

Dessine un bonhomme sur du papier fin et découpe-le sur plusieurs feuilles pour en avoir tout un groupe. Disperse-les sur une table. Frotte un ballon ou un boîtier de CD sur tes cheveux pendant 30 secondes puis approche-les des bonshommes.

Que se passe-t-il ?
Le ballon se charge négativement en retirant des électrons de tes cheveux. Les électrons excédentaires sur le ballon repoussent les électrons des bonshommes en papier, ce qui charge positivement leur face supérieure. Les opposés s'attirent, donc les bonshommes bondissent vers le ballon.

Disperse des grains de riz sur une feuille de papier à l'aide d'un entonnoir. Frotte le couvercle d'un boîtier de CD sur tes cheveux pendant 30 secondes. Place le bord à environ 1 cm des grains et baisse-le doucement. Les grains vont sautiller comme des puces savantes.

Que se passe-t-il ?
Le couvercle du CD se charge négativement et repousse les électrons dans les grains vers le bas, chargeant positivement le haut. Les grains sautent et se collent au couvercle, mais leur charge est alors annulée et ils retombent. Le processus se répète, les faisant danser de bas en haut.

Ouvre le robinet d'eau froide et ferme-le progressivement jusqu'à avoir un filet d'eau fin et régulier. Frotte un ballon ou un objet en plastique sur tes cheveux pour le charger d'électricité statique. Approche l'objet chargé du filet d'eau et observe.

Que se passe-t-il ?
Le ballon se charge négativement en retirant des électrons de tes cheveux. Quand tu le tiens près de l'eau, il repousse les électrons de l'eau, chargeant positivement le côté du filet d'eau le plus proche. Ce côté est alors attiré par le ballon, ce qui tord le filet d'eau.

 **POSITIF** Certains matériaux peuvent céder des électrons et se charger positivement quand on les frotte. D'autres captent des électrons et se chargent négativement.

Peau

Fourrure de lapin

Verre

Cheveux

Nylon

Laine

Fourrure de chat

Soie

Papier

Coton (neutre)

Surprend ta famille et tes amis avec ces expériences D'ÉLECTROSTATIQUE !
La plupart fonctionne mieux par temps sec – un jour d'hiver ensoleillé est parfait. Par temps humide, l'humidité de l'air évacue l'électricité statique. Conseil : assure-toi que tes cheveux soient propres et secs.

Électricité acide

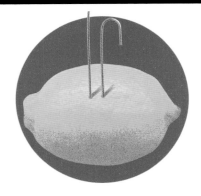

Appuie légèrement sur un citron puis enfonces-y un trombone déplié et un fil de cuivre de même longueur (Demande à un adulte de dénuder un vieux fil électrique en cuivre), proches l'un de l'autre. Touche les deux fils en même temps avec ta langue et tu ressentiras un picotement.

Que se passe-t-il ?
Le citron est une pile. L'acide qu'il contient réagit avec les deux métaux. Des électrons quittent le cuivre (le chargeant positivement) et s'accumulent sur le trombone (le chargeant négativement). Quand tu touches les deux fils, tu fermes le circuit et la charge traverse ta langue.

Charmeur de serpent

Dessine une spirale sur une feuille de papier fin et découpe-la. Frotte vigoureusement un feutre en plastique sur tes cheveux ou ton pantalon pendant 30 secondes. Tiens le stylo près du milieu de la spirale et soulève-le doucement.

Que se passe-t-il ?
Le feutre se charge négativement en retirant des électrons de tes cheveux. Quand tu l'approches du papier, il repousse les électrons. Le papier se charge donc positivement et se colle au feutre, montant en même temps que celui-ci – comme un serpent que tu aurais charmé.

Étincelles dans le noir

1. Sors totalement l'antenne d'une radio (pas une radio numérique). Charge un ballon sur ton pantalon et vérifie qu'il y colle. Approche-le doucement de l'antenne et écoute. Qu'entends-tu ? Le ballon colle-t-il toujours à ton pantalon ?
2. Allume la radio, mets-la sur AM ou ondes moyennes, et ne la règle sur aucune station. Augmente le volume au maximum. Charge le ballon et approche-le doucement de l'antenne. Qu'entends-tu ?
3. Dans une pièce sombre, charge le ballon et touche l'antenne encore une fois. Que vois-tu ?

RÉPONSES
1. Tu entends un craquement lorsque les électrons sautent vers l'antenne. Le ballon ne colle plus à ton pantalon car il n'est plus chargé.
2. Tu entends un bruit bien plus fort car la radio transforme le craquement en son.
3. Tu vois de petites étincelles lorsque les électrons sautent à travers l'air – des éclairs miniatures.

Placés dans cet ordre, ces matériaux forment la « série triboélectrique ». Pour générer une bonne charge d'électricité statique, il faut frotter des matières des deux extrêmes de la série.

NÉGATIF

Acier   Bois   Ambre   Caoutchouc   Cuivre   Or   Polyester   Polystyrène   Polyéthylène   PVC

La Terre, un aimant ?

La Terre est un gigantesque aimant, mais on ne sait pas pourquoi. On a pensé à un aimant géant dans le noyau. Mais, même s'il y a bien du fer au centre de la Terre, il y fait une température de plus de 1 000 °C et le fer perd ses propriétés magnétiques au-delà de 760 °C. Une possibilité est que le noyau liquide contienne des boucles de courant qui génèrent un champ magnétique.

La Terre, à l'envers ?

En fait, le pôle Nord de la Terre est le pôle Sud magnétique de notre planète, et le pôle Sud est le pôle Nord magnétique. Si tu n'y crois pas, pends un aimant droit à une ficelle. Son pôle nord pointera vers le nord. Comme les pôles opposés s'attirent, le pôle Nord terrestre doit être un pôle Sud magnétique.

Qu'est-ce qu'une aurore boréale ?

Le champ magnétique terrestre nous protège des électrons que nous envoie le Soleil — le vent solaire. Mais quelques électrons arrivent à passer à travers les mailles du filet. Suivant les lignes de champ magnétique, ils vont vers les pôles et illuminent le ciel de couleurs magiques.

Le Soleil, un aimant ?

Le Soleil est un aimant encore plus puissant que la Terre. Ses entrailles tourbillonnent sans cesse, perturbant le champ magnétique. Des éruptions de gaz brûlant suivent les boucles du champ magnétique solaire, formant des protubérances solaires.

Quel est le principe

Les électrons tournoyant dans les ATOMES ne créent pas que de l'électricité. Ils sont aussi la cause d'un phénomène *mystérieux :* le **magnétisme.**

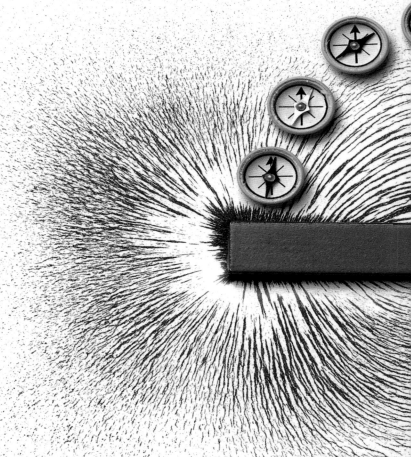

Un aimant est entouré d'un *champ de force*. Il est invisible, mais on peut le visualiser en dispersant de la limaille de fer sur une feuille de papier puis en y posant un aimant. La limaille de fer se déplace jusqu'à s'aligner avec le champ de l'aimant. Elle s'amasse également autour des pôles, où la force magnétique est la plus intense.

d'un *AIMANT ?*

Dès qu'un ÉLECTRON bouge, il crée un champ magnétique autour de lui, comme un aimant droit. Tous les atomes contiennent des électrons, et sont donc tous magnétiques. Généralement, dans la matière, ces aimants atomiques sont désordonnés et s'annulent. Cependant, dans certains matériaux, comme le fer, ces champs magnétiques peuvent s'aligner. L'ensemble de la pièce de fer se comporte alors comme un aimant.

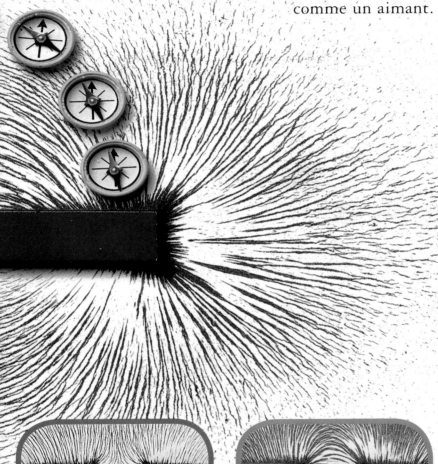

Quand on approche les mêmes pôles de deux aimants, ils se repoussent. Le champ entre les deux aimants est faible et les lignes de champ se fuient.

Les pôles opposés de deux aimants s'attirent. Le champ entre les deux aimants est intense, et les lignes de champ « relient » les deux aimants.

QUESTIONS

L'électricité, source de magnétisme ?

Même si électricité et magnétisme semblent très différents, ce sont deux aspects d'une même interaction : l'*électromagnétisme*. La première similitude fut mise en évidence par hasard en 1802 par un savant italien qui montra qu'un courant électrique pouvait dévier l'aiguille d'une boussole. Les électrons se déplaçant dans les fils créent un champ magnétique. Faraday montra par la suite que le contraire était vrai : un aimant mobile peut créer du courant électrique. Michael Faraday venait d'inventer un moyen de créer de l'électricité par le mouvement. C'est une des plus grandes inventions de tous les temps, avec laquelle on génère quasiment toute l'électricité actuelle.

Construis une boussole

Si tu as un aimant puissant, tu peux l'utiliser pour faire une boussole. Frotte l'aiguille sur l'aimant pendant 15 secondes, toujours dans la même direction. Colle l'aiguille sur un bouchon et laisse-le flotter sur l'eau. L'aiguille va tourner et montrer le nord.

Quels sont les meilleurs aimants ?

Un aimant au néodyme, mélange de fer, bore et néodyme, est 20 fois plus puissant qu'un aimant classique en fer. Il y en a de tout petits, dans certaines boucles d'oreille par exemple (Si tu en as, essaie d'attraper des trombones avec). Un aimant au néodyme de la taille d'une petite pièce de monnaie peut soulever un poids de 10 kg et attirer des objets métalliques à travers ta main.

Sens-tu la *chaleur* ?

Imagine un microscope puissant qui te permettrait d'observer des atomes et molécules. Tu les verrais s'agiter dans tous les sens. Cette agitation donne la sensation de CHALEUR. Plus les atomes s'agit^ent, plus il fait chaud. *La température* est une mesure de la VITESSE à laquelle les atomes s'agitent.

La chaleur se propage de trois manières :

CONDUCTION :
Les molécules échangent leur énergie lors de chocs. Lorsque tu tiens une tasse de café chaud, la chaleur pénètre ta main par conduction.

CONVECTION :
Quand l'air est chaud, il se dilate et devient plus léger. Il monte donc en emportant la chaleur.

RADIATION :
Un objet chaud émet de la chaleur « invisible », sous la forme de rayonnement infrarouge. Tu peux sentir les rayons infrarouges du Soleil chauffer ta peau.

Surface du Soleil
6000°C

Le fer bout.
2861°C

Le fer fond.
1538°C

Le papier prend feu.
230°C

L'eau bout.
100°C

QUESTIONS

Pourquoi le métal est plus froid que le bois ?
Même à basse température égale, le métal semble souvent plus froid que le bois. Pourquoi cette différence ? Les métaux sont de meilleurs *conducteurs* de chaleur et évacuent donc la chaleur de ta main, refroidissant la peau.

Comment conserver la chaleur ?
Un mauvais conducteur de chaleur peut servir à garder la chaleur ou à *isoler*. L'air est un très mauvais conducteur, et on se sert de cette propriété

Peut-on voir la chaleur ?

Notre œil est insensible aux rayons infrarouges, mais des caméras spéciales peuvent en faire une image, un thermogramme. Ce thermogramme d'un plat de spaghetti montre les zones chaudes en rouge ou blanc et les zones froides en bleu.

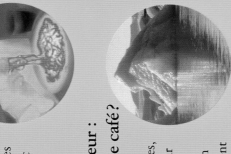

Qui contient plus de chaleur : un iceberg ou une tasse de café ?

La température d'un objet nous informe sur la vitesse de ses atomes, mais pas sur la quantité de chaleur qu'il contient. Une tasse de café a une température plus élevée qu'un iceberg, mais l'iceberg, qui contient beaucoup plus d'atomes, contient plus de chaleur.

Fabrique une machine à chaleur

Ce dispositif astucieux convertit la chaleur en mouvement. Dessine l'hélice ci-dessous en plus grand sur une feuille de papier et découpe-la. Plie-la selon les pointillés, puis pose-la en équilibre sur la pointe d'un crayon. Fais tenir le crayon debout avec de la pâte à modeler. Frotte tes mains fortement pendant 10 secondes pour créer de la chaleur, puis place-les sous le papier. De l'air chaud va monter par convection et faire tourner l'hélice.

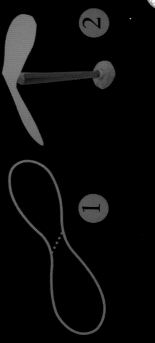

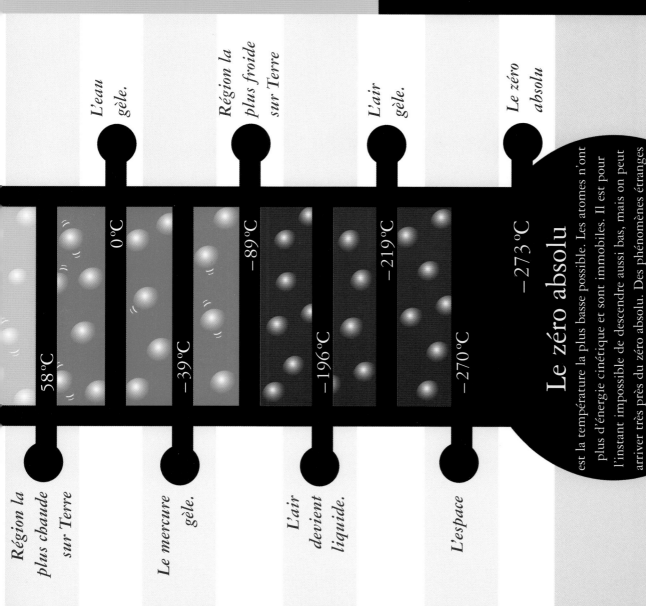

Région la plus chaude sur Terre — 58°C

L'eau gèle. — 0°C

Le mercure gèle. — −39°C

Région la plus froide sur Terre — −89°C

L'air devient liquide. — −196°C

L'air gèle. — −219°C

L'espace — −270°C

Le zéro absolu — −273°C

Le zéro absolu

est la température la plus basse possible. Les atomes n'ont plus d'énergie cinétique et sont immobiles. Il est pour l'instant impossible de descendre aussi bas, mais on peut arriver très près du zéro absolu. Des phénomènes étranges ont lieu à un millionième de degré au-dessus du zéro absolu. Les atomes perdent leur identité et s'interpénètrent pour former un « blob » atomique — un « condensat de Bose-Einstein ».

États de la matière

Solide

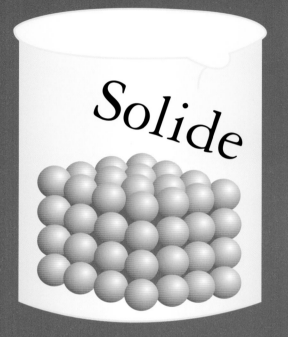

FUSION

Quand on chauffe un solide, ses atomes vibrent plus vite, jusqu'à casser leurs liens et se séparer.

SOLIDIFICATION

Quand on refroidit un liquide, les atomes perdent de l'énergie et ralentissent, jusqu'à se lier en un solide.

Dans les solides, les atomes sont liés par des forces électriques. Pour passer de l'état solide à l'état liquide ou gazeux, il faut vaincre ces forces et séparer les atomes dans une lutte acharnée.

Liquide

Refroidis ou comprime un liquide pour passer à l'état solide.

ÉTATS PARTICULIERS

Enfreindre la règle

Certaines substances, comme le verre, sont entre l'état solide et l'état liquide. Quand on le chauffe, le verre devient coulant ; il durcit en refroidissant, mais sans se figer complètement. Il continue de couler lentement sur plusieurs millions d'années.

Sculpture de verre

Verre chauffé

Le 4ᵉ état

Si on chauffe un gaz, il atteindra un 4ᵉ état de la matière : le plasma. Les électrons sont arrachés des atomes, ce qui rend le plasma conducteur. Les éclairs sont un plasma. Le Soleil et les étoiles sont également des plasmas, ce qui en fait l'état de la matière le plus abondant dans l'Univers.

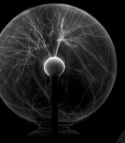

Boule de plasma

Fais chauffer un verre d'eau *jusqu'à disparition*, et tu auras formé assez de vapeur d'eau pour remplir une pièce. La vapeur est un nuage d'eau, tout comme la glace est de l'eau solidifiée. La matière, comme l'eau, peut exister sous 3 états : SOLIDE, LIQUIDE et GAZ. Mais il n'y a pas que ça.

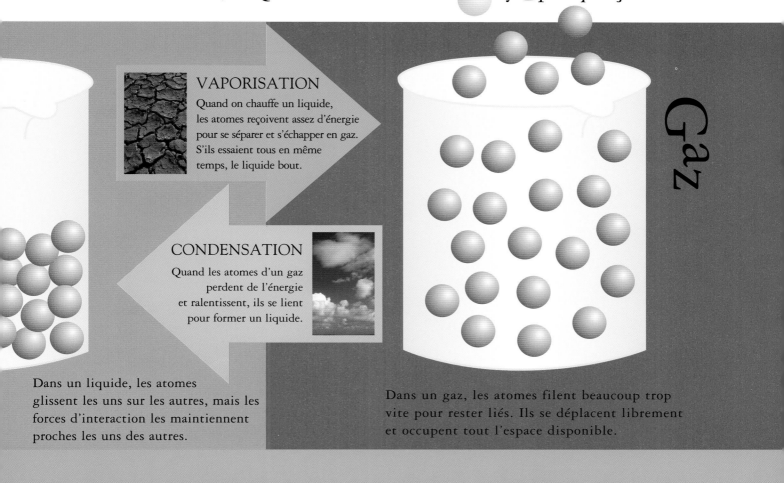

VAPORISATION

Quand on chauffe un liquide, les atomes reçoivent assez d'énergie pour se séparer et s'échapper en gaz. S'ils essaient tous en même temps, le liquide bout.

CONDENSATION

Quand les atomes d'un gaz perdent de l'énergie et ralentissent, ils se lient pour former un liquide.

Gaz

Dans un liquide, les atomes glissent les uns sur les autres, mais les forces d'interaction les maintiennent proches les uns des autres.

Dans un gaz, les atomes filent beaucoup trop vite pour rester liés. Ils se déplacent librement et occupent tout l'espace disponible.

Chauffe ou détend un liquide pour passer à l'état gazeux.

Les néons utilisent des plasmas pour produire de la lumière.

Matière stellaire

Solide, liquide, gaz et plasma ne sont pas les seuls états de la matière. Dans une étoile à neutrons, les atomes sont si comprimés qu'ils se désintègrent en un océan de neutrons – un gigantesque noyau atomique de plusieurs kilomètres de diamètre, avec une gravité beaucoup plus intense que sur Terre.

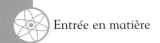
La *forme* d'une

L'eau est une substance étonnante couvrant 70 % de la surface de la Terre. Ce qui la rend si spéciale sont ses *molécules*. Chacune est formée de deux minuscules atomes d'hydrogène liés à un atome d'oxygène. Cela leur donne une charge positive d'un côté et une charge négative de l'autre. Elles peuvent donc SE LIER et se fixer à des objets, comme de petits aimants.

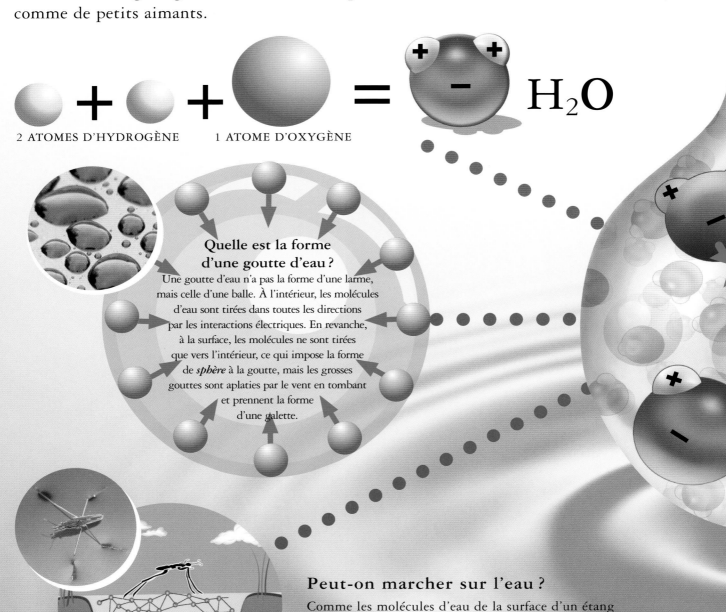

+ + = H_2O

2 ATOMES D'HYDROGÈNE 1 ATOME D'OXYGÈNE

Quelle est la forme d'une goutte d'eau ?

Une goutte d'eau n'a pas la forme d'une larme, mais celle d'une balle. À l'intérieur, les molécules d'eau sont tirées dans toutes les directions par les interactions électriques. En revanche, à la surface, les molécules ne sont tirées que vers l'intérieur, ce qui impose la forme de *sphère* à la goutte, mais les grosses gouttes sont aplaties par le vent en tombant et prennent la forme d'une galette.

Peut-on marcher sur l'eau ?

Comme les molécules d'eau de la surface d'un étang ne peuvent agir sur aucune molécule au-dessus d'elles, leur action est concentrée à la couche de surface. Cela forme une peau élastique et tendue à la surface de l'eau, assez solide pour que des insectes y marchent. C'est la tension superficielle.

goutte d'eau

Pourquoi un iceberg flotte-t-il ?

La plupart des liquides perdent du volume en gelant, mais l'eau fait le contraire. Ses molécules se dispersent lors de la solidification, ce qui fait augmenter son volume d'à peu près 10 %. La glace est donc moins dense que l'eau et flotte au lieu de couler. Recouverte de glace, l'eau reste chaude. Cela aide à la survie de la faune des lacs et des rivières en hiver.

En formant des cristaux de glace, les molécules d'eau forment une structure similaire à celle du diamant.

Trombone flottant

En faisant attention, tu peux faire flotter un trombone sur l'eau. Place-le sur une fourchette que tu immerges doucement. Le trombone tient sur une fine peau élastique formée par l'eau. Si tu touches l'eau avec du savon, tu casses cette peau et le trombone coule.

Ballon increvable

L'eau peut absorber beaucoup plus de chaleur que la plupart des autres substances, ce que tu peux voir avec ce tour: remplis un ballon avec de l'air et un autre avec de l'eau. Place une bougie sous chacun d'eux et observe. Le ballon rempli d'air éclate rapidement, alors que le ballon rempli d'eau résiste beaucoup plus longtemps.

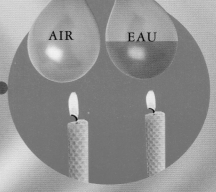

AIR   EAU

Il faut beaucoup d'énergie pour rompre les liaisons entre les molécules d'eau. C'est pourquoi l'eau met longtemps pour chauffer.

SAIS-TU *marcher*

Certains fluides

s'écoulent rapidement, comme l'eau ;
d'autres, beaucoup plus épais,
s'écoulent lentement, comme le miel.
Ce sont des fluides VISQUEUX.

Agite de l'eau ou du sirop : ils gardent
toujours leur propriété de viscosité.
Isaac Newton pensait que tous
les fluides avaient cette propriété.
Mais certains – comme la mayonnaise
et le ketchup – n'obéissent pas à cette
règle. Lorsque tu les agites, la force
que tu
appliques
modifie
leur
structure
interne et les rend
plus ou moins
visqueux.
Ces fluides sont
non newtoniens.

Non newtonien ?
Comment oses-tu ?

Que sont les sables mouvants ?

Les sables mouvants sont une mixture de
sable et d'eau qu'on trouve sur les plages,
au bord des rivières, près d'une source
ou dans les marais. Ils peuvent être
solides au toucher, mais tu t'y enfonces
très vite si tu y pénètres. Plus tu te débats
pour t'en sortir, plus les forces que tu
exerces les rendent visqueux. Le sable
forme alors une masse dense autour
de tes jambes et t'*emprisonne*.

Comment couler

Dans des sables mouvants,
le pire est de paniquer et
de lutter. Bouger les bras
et les jambes dans tous les
sens rend le fluide plus épais
et tu t'enfonces encore plus.
Et plus tu t'enfonces, plus il
devient difficile d'en sortir.

Comment nager

Le secret pour s'en sortir est
de rester immobile. Le fluide
devient alors moins visqueux
et tu remontes à la surface.
Les sables mouvants sont plus
denses que l'eau et il est donc
plus facile d'y flotter.

Sais-tu marcher sur de la crème ?

La crème anglaise est un fluide non newtonien. Si tu lui appliques une force, elle devient solide.
Mais est-elle assez résistante pour supporter le poids d'un être humain ? En 2003, une équipe
de chercheurs de l'émission britannique *Brainiac* a rempli une piscine avec de la crème anglaise…

sur la CRÈME ?

Pourquoi dois-tu secouer le ketchup ?

Le ketchup est l'opposé des sables mouvants : il coule si on exerce une force sur lui, ce qui explique qu'on doive agiter la bouteille pour le faire couler. Le ketchup est un mélange de solides et de liquides maintenus par un liant. Quand on secoue la bouteille, les forces exercées détruisent le liant et le ketchup devient moins visqueux.

Conseil: ferme le bouchon avant d'agiter !

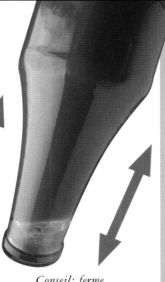

Dentifrice

Un liquide qui devient moins visqueux si on lui applique une force est dit thixotropique. Le dentifrice est thixotropique. Enlève le bouchon et il ne bouge pas ; presse le tube, et la force appliquée casse la structure du dentifrice et le fait sortir.

De la vase verte

Un bon moyen de vérifier les propriétés des fluides non newtoniens est de créer un mélange de vase et de farine. Liquide au repos, le mélange est si visqueux lorsqu'on lui applique une force qu'il DEVIENT SOLIDE.

Verse 1½ tasse de farine de maïs dans un bol en plastique. Ajoute petit à petit une tasse d'eau, en mélangeant sans cesse. Ajoute du colorant vert pour lui donner une couleur amusante. Prends une poignée de vase et écrase-la brusquement : le mélange va devenir solide. Laisse-le reposer quelques secondes : il redevient liquide et coule entre tes doigts.

La crème anglaise supporte le poids d'un être humain, mais uniquement si on la maintient en mouvement. L'impact de chaque pas durcit la crème anglaise qui forme alors un support solide. Mais si on s'arrête, elle redevient liquide et on coule.

Comment faire *éclater* un *ballon ?*

Pourquoi un ballon est-il si difficile à gonfler mais si facile à faire éclater ? Cela vient des propriétés des gaz et du caoutchouc.

Des ballons étirables

Le secret de l'étirement des ballons est dans les molécules de caoutchouc dont il est constitué. Elles sont longues et fines, comme des spaghetti cuits. Quand tu étires du caoutchouc, les molécules glissent les unes sur les autres et s'étirent. Quand tu lâches, de petites forces entre les molécules les font revenir dans leur disposition initiale.

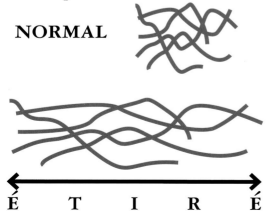

NORMAL

É T I R É

Pourquoi le ballon éclate-t-il ?

Un ballon éclate en une fraction de seconde. Les morceaux de caoutchouc retournent à leur forme initiale à plus de deux fois la vitesse du son. L'air sort alors en onde de choc, avec un bang très sonore.

Pourquoi est-il difficile à gonfler ?

Il est difficile de gonfler un ballon parce qu'il faut surmonter les forces qui maintiennent les molécules ensemble. Le premier souffle est le plus dur, car il faut étirer des milliards de molécules d'un coup. Puis, tout devient de plus en plus facile au fur et à mesure que le caoutchouc s'étend, mais les molécules continuent à résister. Si tu relâches le ballon, il va se rétracter soudainement. L'air va en sortir et le ballon s'envolera de ta main – une démonstration amusante de la troisième loi de Newton.

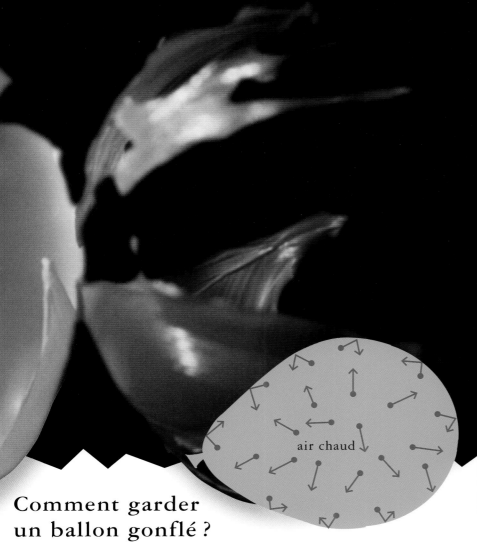

air chaud

Comment garder un ballon gonflé ?

Quand tu fais un nœud, ton souffle est coincé dans le ballon. Un ballon gonflé contient environ 30 000 milliards de milliards de molécules d'air. Chacune vole à environ 1 600 km/h et rebondit sur les autres molécules ou la paroi 5 milliards de fois par seconde. Les millions de milliards de collisions avec le caoutchouc créent une pression qui maintient le ballon gonflé.

Que devient un ballon dans le réfrigérateur ?

Place un ballon dans le réfrigérateur et observe. Après une heure, les molécules d'air volent 50 km/h moins vite et frappent le caoutchouc moins fort. Par contre, les forces entre les molécules de caoutchouc restent constantes. Le ballon va donc rétrécir jusqu'à un nouvel équilibre. Si tu chauffes le ballon sur un radiateur, le processus inverse a lieu et le ballon grandit à nouveau.

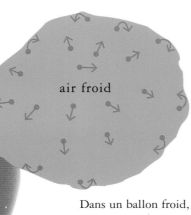

air froid

Dans un ballon froid, les molécules d'air bougent moins vite et frappent le caoutchouc moins fortement, donc le ballon rétrécit.

EXPÉRIENCES

Percer un ballon sans le faire éclater

Si un ballon n'est pas surgonflé, le caoutchouc près du nœud ou au sommet n'est pas entièrement tendu, il est épais et foncé. Mets un peu de graisse ou de baume à lèvres au bout d'un trombone et pousse délicatement celui-ci dans le caoutchouc sombre, en tournant jusqu'à ce qu'il le perce. Avec un peu d'entraînement, tu peux même traverser le ballon.

Et si tu le perces ailleurs ?

Ailleurs, le caoutchouc est très tendu. Il a atteint sa limite d'élasticité. Au-delà, il va casser plutôt que s'étirer. Des petites failles apparaissent et l'air sous pression sort du ballon. De plus grandes failles se créent sur toute la surface et le ballon éclate!

Un ballon dans une bouteille

Voilà un truc pour épater tes amis. Montre-leur un ballon gonflé dans une bouteille et parie avec eux qu'ils n'arriveront pas à faire la même chose. En essayant, le ballon va bloquer le goulot et empêchera l'air de sortir de la bouteille : le ballon ne pourra pas se gonfler.

Voilà le secret : Mets une paille dans la bouteille en même temps que le ballon afin que l'air puisse sortir.

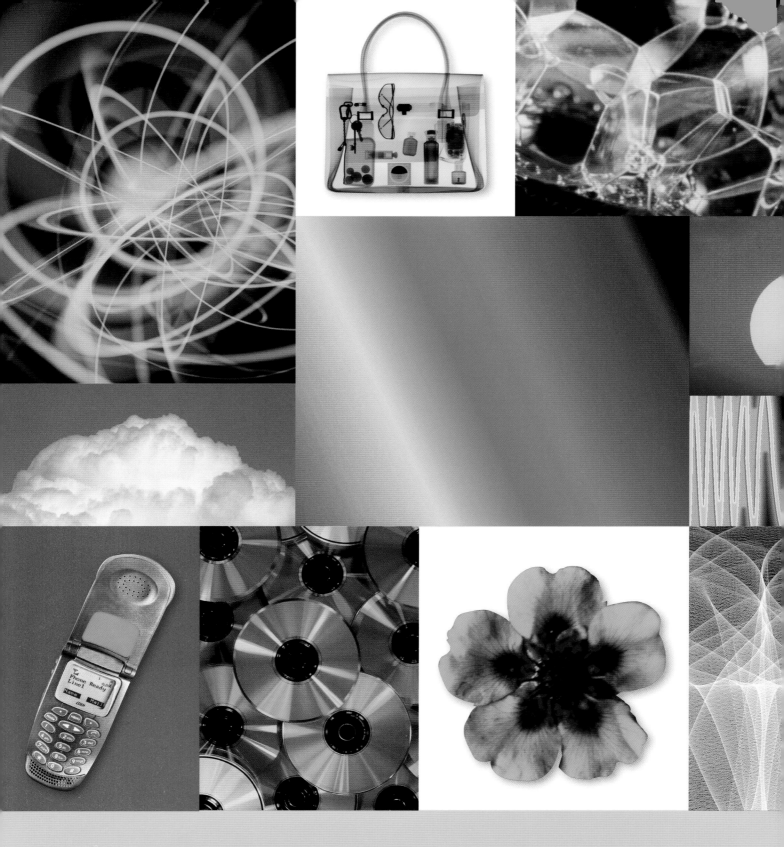

Vois-tu la **LUMIÈRE ?**

"**On sait tous** que la lumière est essentielle – tu ne pourrais pas lire cette page sans elle. Tu sais aussi qu'elle voyage vite. À environ

1 MILLION de km/h

– c'est ce qu'il y a de plus rapide dans l'Univers.

Mais sais-tu que la lumière pourrait détenir le secret du voyage dans le temps ? C'est un « objet » bizarre, tantôt flot de particules, tantôt onde qui se propage.

EN FAIT, ON SE POSE BEAUCOUP DE QUESTIONS.

Comment ça marche ? Pourquoi les étoiles scintillent ? ***Pourquoi le coucher de soleil est-il rouge ?*** **Pourquoi Isaac Newton, pourtant intelligent, s'est-il planté une aiguille à tricoter dans l'œil à cause d'elle ?** Sers-toi de la lumière autour de toi pour en savoir plus !"

PARTICULES

La lumière, flot de *particules* ?

La lumière est un mystère.
C'est ce qu'il y a de plus rapide dans l'Univers, et elle n'a pas de masse. On la voit tout le temps, mais on ne sait pas de quoi elle est faite. Parfois c'est un flot à grande vitesse de milliards de particules. Parfois c'est plutôt une onde qui ondule dans l'air. Alors, c'est quoi, la lumière ?

Balles rebondissantes

Isaac Newton est l'un des premiers savants à avoir pensé à des particules de lumière. Si c'était une onde, pensait-il, elle n'irait pas toujours en ligne droite et n'aurait pas d'ombre nette – elle passerait les obstacles comme les vagues passent un rocher et comme le son traverse une porte. Newton constata également que la lumière rebondit sur un miroir comme une balle rebondit sur un mur. La lumière devait donc être constituée de petites particules bondissantes.

Perdu dans l'espace

La théorie des particules explique comment la lumière peut voyager du Soleil à la Terre. Une particule peut voyager dans le vide, alors qu'une onde nécessite un milieu matériel pour osciller. Le son peut voyager dans l'air, et les vagues voyagent dans l'eau. Si la lumière était une onde, que deviendraient les oscillations dans le vide ?

L'atome formidable

Après la découverte de l'atome, des savants montrèrent qu'il peut libérer des particules de lumière une à une. On avait la preuve que la lumière était faite de particules, les photons.

La lumière, une onde ?

La réponse à l'énigme est que la lumière est les deux à la fois : une onde et une particule. Cela dépend juste du point de vue. La lumière n'est pas la seule à avoir cette propriété particulière. Tous les constituants de l'atome, et l'atome lui-même, peuvent agir en particule ou en onde selon le point de vue.

ONDES

Lumière déviée

Le premier indice menant au fait que la lumière est une onde vient de Grimaldi, un savant italien qui vivait il y a 400 ans. Il créa des ombres avec des rayons lumineux fins et constata qu'elles étaient plus larges que prévu, comme si la lumière était déviée comme une onde.

Ondulations

La preuve vint 200 ans plus tard. Un savant anglais, Thomas Young, éclaira une série de fentes fines. La lumière était déviée, mais forma aussi des motifs semblables à ce qu'on observe sur un étang lorsque deux ondulations se superposent. Young parvint même à mesurer la longueur d'onde — moins d'un millionième de mètre.

À travers l'Univers

La théorie des ondes explique l'existence des couleurs (chaque couleur a une longueur d'onde). Mais comment une onde lumineuse peut-elle voyager dans le vide ? On pensait d'abord que l'espace était rempli d'une substance invisible, « l'éther », mais la réponse est bien plus étrange. Le vide contient des « champs de force » invisibles, dans lesquels la lumière ondule.

De quelle *couleur* est

La lumière blanche est en réalité

un mélange de toutes les couleurs. Elles sont tellement mélangées qu'on ne peut plus les distinguer. Quand la lumière du soleil traverse une goutte de pluie ou rebondit sur le dos d'un CD, les couleurs sont séparées et tu peux observer un arc-en-ciel.

Pourquoi les couleurs existent-elles ?

Elles existent car une onde peut avoir différentes longueurs.

Si la longueur d'onde est GRANDE, on la voit rouge.

Si la longueur d'onde est COURTE, on la voit bleue.

Les ondes lumineuses sont très courtes, même les rouges. Il faut aligner environ 2 000 ondes pour faire un millimètre.

Comment voit-on les couleurs ?

Tes yeux ont trois détecteurs de couleur différents : pour le rouge, pour le vert et pour le bleu. En les combinant, tu peux voir toutes les nuances de couleur. C'est astucieux, mais pas infaillible. Une télé te fait voir des couleurs qui n'existent pas. En mélangeant de petites lumières vertes et rouges, elle fait réagir les mêmes cellules de tes yeux que la lumière jaune, et tu vois du jaune.

Les arcs-en-ciel

apparaissent quand le soleil est derrière toi et qu'il pleut devant toi. La lumière entre dans chaque goutte d'eau, rebondit à l'intérieur et revient vers toi, séparée comme par un prisme. Un arc-en-ciel a une forme d'arc, car tu ne vois les couleurs que selon un certain angle. S'il n'y avait pas le soleil, ce serait un cercle.

Quand les couleurs sont placées par longueur d'onde croissante, on obtient un motif appelé *spectre*. Le spectre de la lumière blanche a sept bandes principales qui se fondent l'une dans l'autre, créant une infinité de couleurs. L'œil humain peut en voir **10 millions**, dont certaines n'existent pas dans le spectre, comme le marron et le magenta.

Apprends cette phrase pour *te souvenir*

R**ouge**   O**range**   J**aune**

Romain   *ou*   *Jules*

la LUMIÈRE ?

Qui a découvert les couleurs de la lumière ?

Par une belle journée de 1665, Isaac Newton, âgé de vingt-deux ans, s'enferma dans une chambre sombre de la ferme de sa mère, en Angleterre. Il laissa passer un rayon de lumière à travers un trou dans les rideaux et plaça un prisme sur le chemin du rayon lumineux. Il observa un spectre coloré. Les savants connaissaient déjà cet effet spectaculaire, mais pensaient que les couleurs venaient du verre. Newton prouva que non. Il plaça un second prisme dans le spectre et rassembla les rayons à l'aide d'une lentille : une tache blanche apparut sur le mur.

Cette découverte rendit Newton rapidement célèbre.

Pas sans risques

Encouragé par son succès avec le prisme, Newton continua ses expériences. L'une d'entre elles était très stupide. Newton croyait que l'œil humain fonctionnait comme un prisme et séparait les couleurs. Pour vérifier son hypothèse, il enfonça une aiguille à tricoter dans son œil en espérant voir apparaître des couleurs. Ce n'était pas le cas, et Newton contracta une infection qui le rendit presque aveugle.

Pourquoi un diamant scintille-t-il ?

Un diamant sépare bien mieux la lumière en ses différentes couleurs qu'un prisme. Bien taillé, il fait même rebondir la lumière à l'intérieur. C'est pourquoi les diamants brillent de manière très colorée.

Fabrique un spectre

Tu peux fabriquer un spectre avec un verre d'eau. Découpe une fente dans un carton et colle-le sur le verre. Pose le verre sur une feuille blanche, près d'une fenêtre ensoleillée. La lumière doit passer par la fente et traverser la surface de l'eau, où elle va être déviée et former un spectre sur la feuille.

Mélange des couleurs

Dessine un disque comme ci-dessous et peins-y les couleurs du spectre. Colle-le sur du carton et transperce-le avec un crayon. Fais tourner le disque. Si tu as utilisé les bonnes couleurs, le disque deviendra blanc.

de l'ordre des couleurs dans le spectre.

V B I V
VERT **BLEU** **INDIGO** **VIOLET**
vont *bien* *inviter* *Victor*

Un arc-en-ciel dans une *bulle*

Une bulle est

comme un ballon gonflable dont l'enveloppe est une pellicule de savon. Elle est constituée de trois couches : deux couches de molécules de savon entre lesquelles il y a une pellicule d'eau. Les molécules d'eau tirent les unes sur les autres avec une force appelée tension superficielle, qui fait tenir la bulle. Cette pellicule mesure moins d'un millième de millimètre d'épaisseur, soit à peu près la longueur d'onde de la lumière.

savon
eau
savon

Quand

des ondes lumineuses se réfléchissent sur une bulle, elles interfèrent. Tu peux observer les mêmes effets en lançant des cailloux dans une mare. Un caillou crée des ondes circulaires qui se propagent. Deux cailloux créent des ondes circulaires qui interfèrent. Deux sommets qui se combinent créent une onde plus grande. Quand un sommet et un creux se rencontrent, les deux ondes s'annulent. Le même phénomène a lieu pour les ondes lumineuses.

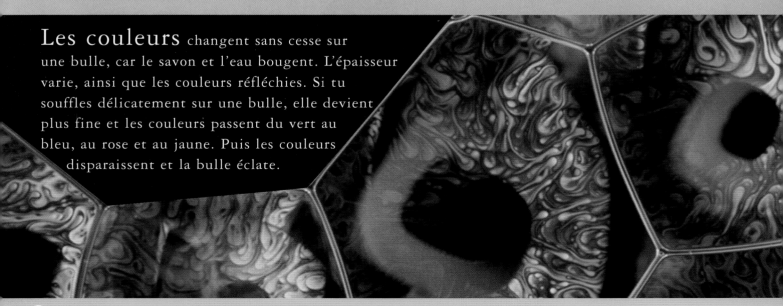

Les couleurs

changent sans cesse sur une bulle, car le savon et l'eau bougent. L'épaisseur varie, ainsi que les couleurs réfléchies. Si tu souffles délicatement sur une bulle, elle devient plus fine et les couleurs passent du vert au bleu, au rose et au jaune. Puis les couleurs disparaissent et la bulle éclate.

Observe une bulle de savon ! Tu verras des arcs-en-ciel partout. Si tu souffles sur la bulle, les couleurs tourbillonnent et changent…

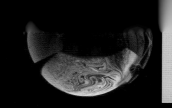

… mais d'où viennent ces *couleurs* ?

La lumière

se réfléchit sur la surface externe et la surface interne de la bulle, créant deux ondes qui interfèrent. Lorsque la surface de la bulle est suffisamment épaisse, certaines ondes sont en phase. Elles s'additionnent. Ce sont les couleurs que tu vois. D'autres ondes s'annulent et disparaissent.

lumière blanche

ondes vertes en phase

lumière blanche

Les ondes rouges s'annulent.

ESSAIE CECI !

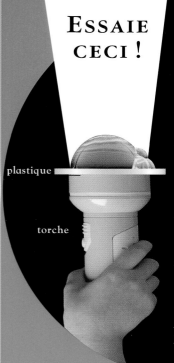

plastique

torche

Fabrique un **bullarium** pour éclairer les bulles de l'intérieur ! Colle un carré de plastique transparent sur une torche électrique. Pose un peu d'eau savonneuse sur le plastique et sers-toi d'une paille pour faire des bulles. Éteins les lumières, allume ta lampe et place les bulles au niveau des yeux.

Truc : ajoute de la gélatine ou du sucre à l'eau savonneuse pour rendre les couleurs plus vives.

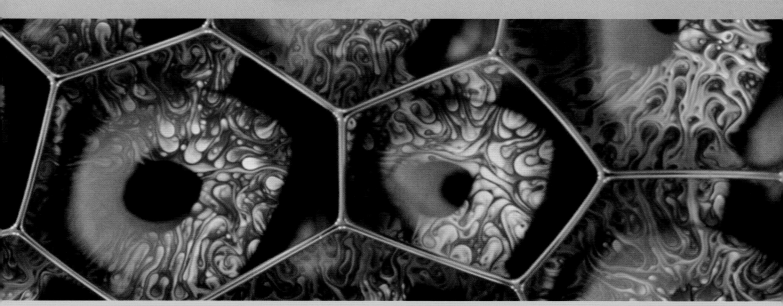

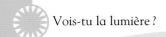
Voit-on toujours la lumière ?

Imagine que tu as une paire de pinces pour étirer les ondes lumineuses. En s'allongeant, les ondes changent de couleur et deviennent invisibles, car tes yeux ne peuvent voir que certaines longueurs d'onde. Beaucoup d'ondes lumineuses sont trop courtes ou trop longues pour être visibles. Avec la lumière visible, elles constituent le vaste spectre électromagnétique.

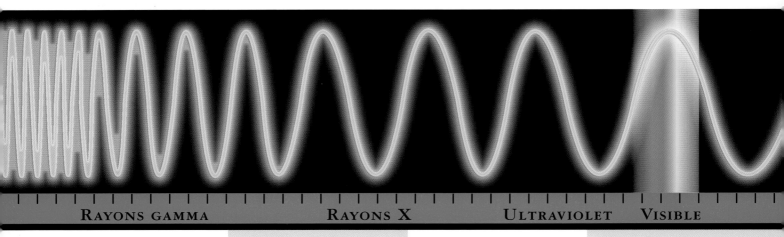

| RAYONS GAMMA | RAYONS X | ULTRAVIOLET | VISIBLE |

Les rayons gamma sont les plus dangereux. Leur longueur d'onde est plus petite qu'un atome, mais ils sont si énergétiques qu'ils peuvent traverser les solides et tuer les cellules vivantes. Ils sont libérés par les bombes nucléaires en tant que « radioactivité » et servent à soigner le cancer.

Les rayons X ont une longueur d'onde de l'ordre de l'atome. Ils sont très énergétiques mais moins dangereux que les rayons gamma. Ils sont arrêtés par les os, les dents et les métaux. C'est idéal pour voir à l'intérieur des choses.

Les rayons ultraviolets (UV) viennent du soleil. On ne peut pas les voir, tandis que les abeilles et les papillons le peuvent. Certains rayons UV pénètrent dans la peau et y détruisent les cellules, causant des coups de soleil, des cancers ou des rides.

La lumière visible est la seule partie du rayonnement électromagnétique que nos yeux peuvent détecter. Nous voyons ces longueurs d'onde en tant que couleurs. Nous les voyons car elles sont très présentes dans la lumière du soleil et se réfléchissent sur les objets au lieu de les traverser.

Les ondes électromagnétiques peuvent être plus courtes

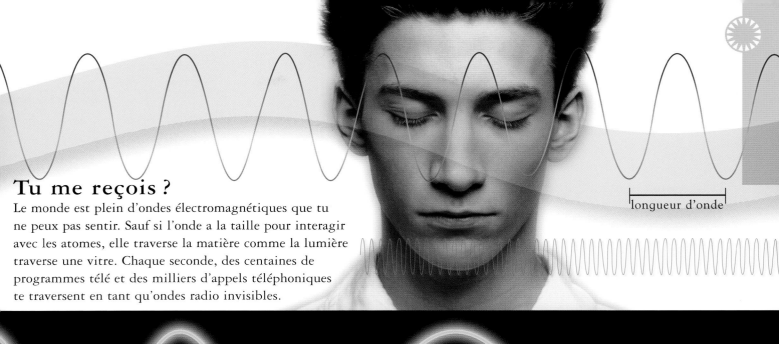

Tu me reçois ?

Le monde est plein d'ondes électromagnétiques que tu ne peux pas sentir. Sauf si l'onde a la taille pour interagir avec les atomes, elle traverse la matière comme la lumière traverse une vitre. Chaque seconde, des centaines de programmes télé et des milliers d'appels téléphoniques te traversent en tant qu'ondes radio invisibles.

longueur d'onde

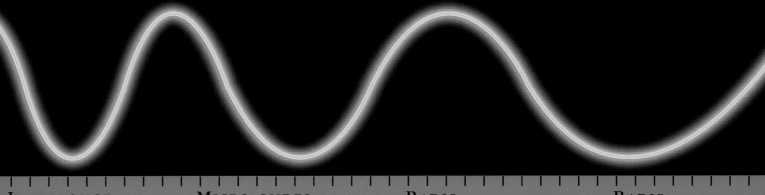

INFRAROUGE **MICRO-ONDES** **RADIO** **RADIO**

Les rayons infrarouges transportent la chaleur. Ils sont invisibles sauf si on porte des lunettes infrarouges. On peut également les ressentir en se chauffant à un feu de cheminée. Les longueurs d'onde varient d'une taille microscopique à celle d'une tête d'épingle.

Les micro-ondes sont des ondes radio très courtes, dont la longueur varie de la taille d'une tête d'épingle à la longueur de ton bras. Un four à micro-ondes inonde les plats d'ondes de 12 cm de longueur. Ces ondes chauffent l'eau mais traversent le verre et le plastique.

Les téléphones portables et le Wi-Fi utilisent des ondes radio courtes, dont la longueur varie de la taille d'une micro-onde à quelques mètres. Les ondes radio courtes voyagent en ligne droite et traversent difficilement les obstacles.

Les stations de radio et de télé émettent en grandes ondes, dont la longueur varie de quelques mètres (TV, FM) à plusieurs centaines de mètres (AM). Les très grandes ondes passent les obstacles et rebondissent sur l'atmosphère ; elles peuvent voyager autour du monde.

qu'un atome ou longues de millions de kilomètres.

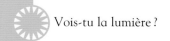
Pourquoi le ciel est-il BLEU ?

La *couleur* du ciel est due à *l'air* qui paraît bleu lorsqu'il est éclairé par la lumière du soleil. Sur la Lune, qui n'a pas d'air, le ciel est noir. La Terre est entourée d'une fine couche d'air : **l'atmosphère**.

Quand la lumière du soleil atteint la Terre après son long voyage, elle traverse l'atmosphère. Rappelle-toi que la lumière blanche du soleil est constituée de toutes les couleurs de l'arc-en-ciel. Certaines couleurs, comme le rouge, traversent l'air sans problème. D'autres – en particulier le bleu – rebondissent sur les molécules de l'air dans toutes les directions.

Quand tu lèves les yeux, tu vois cette lumière diffusée comme une lueur bleue venue de l'air.

Diffusion

Comme les molécules de l'air sont petites, seules les ondes lumineuses les plus courtes interagissent avec elles. Le bleu, qui a la longueur d'onde la plus courte, est le plus diffusé. L'UV est encore plus diffusé. Lors d'une belle journée, l'UV diffusé peut te faire bronzer même à l'ombre !

SOLEIL

—— RAYON LUMINEUX

ATMOSPHÈRE

MOLÉCULE DE L'AIR

Pourquoi les nuages sont-ils blancs ?

L'air n'est pas seul à diffuser la lumière. Les gouttelettes d'eau des nuages le font aussi, mais comme elles sont plus grosses que les molécules de l'air, elles diffusent aussi les grandes longueurs d'onde. Ces longueurs d'onde s'ajoutent et la lumière des nuages est alors blanche.

Gouttelette d'eau

Soleil au zénith

Plus d'air à traverser

Coucher de soleil

Lorsque le soleil se couche, la lumière traverse une couche épaisse de l'atmosphère. L'air diffuse de plus en plus les petites longueurs d'onde, et il reste les grandes longueurs d'onde : le rouge et l'orange. C'est pourquoi un coucher de soleil est rouge. Des poussières très fines, comme des particules de sel ou les cendres d'un volcan, peuvent le rendre encore plus rouge.

Le bleu de l'océan

Un verre d'eau est incolore, mais l'océan est bleu par beau temps. La couleur de l'eau est causée par un processus différent de la diffusion. L'eau absorbe les grandes longueurs d'onde, tel que le rouge, et laisse passer et rebondir les longueurs d'onde courtes, tel que le bleu. La lumière qui passe à travers l'eau est donc bleue. Dans l'eau très profonde, même le bleu est absorbé, et l'océan devient noir.

Pourquoi une étoile scintille-t-elle ?

Si tu observes les étoiles, tu verras qu'elles scintillent. Mais si tu as la chance d'observer une planète, celle-ci ne scintille pas. Pourquoi cette différence ? Les étoiles sont des millions de fois plus éloignées et ne sont que de petits points de lumière. Le faisceau de lumière d'une étoile est si fin que l'air peut le dévier, ce qui fait scintiller l'étoile.

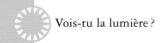

Vitesse de la lumière

Rien ne va **plus vite** que la lumière dans l'Univers. Elle voyage à environ 1 milliard de km/h, soit 10 millions de fois la vitesse autorisée sur autoroute, et 40 000 fois la vitesse d'une navette spatiale. À cette vitesse, un rayon de lumière peut faire *sept fois* le tour du monde en une seconde.

Lumière bizarre

D'après les lois de la physique, il y a un problème avec la lumière. Imagine-toi en train de poursuivre une voiture qui avance à 30 km/h. Si tu cours à 29 km/h, la voiture ne va que 1 km/h plus vite que toi. Tu pourrais presque la rattraper. Mais ce qui est étrange avec la lumière, c'est que ça ne fonctionnera pas. Quelle que soit ta vitesse, la lumière s'éloigne toujours à la même vitesse. Même si Superman volait à 999 999 999 km/h derrière un rayon lumineux, la lumière s'éloignerait de lui à 1 milliard de km/h. Il pourrait tout aussi bien rester immobile, finalement.

Quelle que soit ta vitesse, **la lumière** s'éloigne

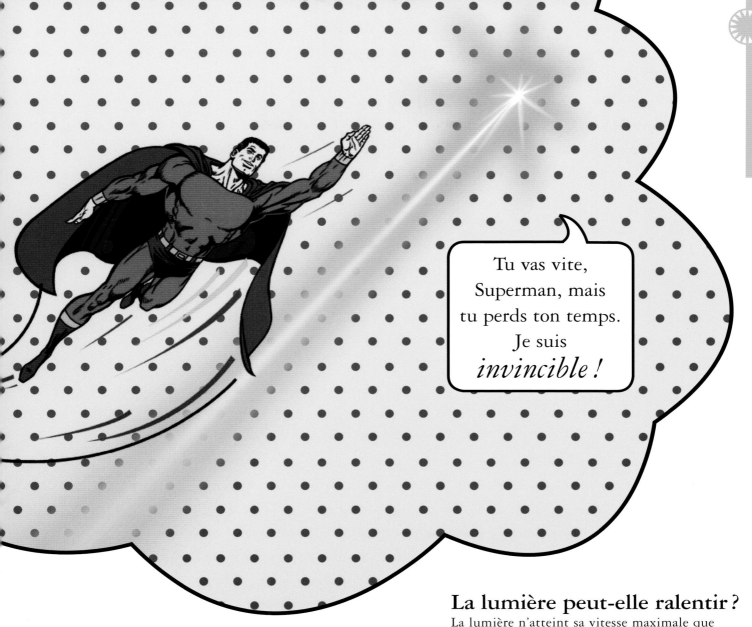

Tu vas vite, Superman, mais tu perds ton temps. Je suis *invincible !*

La lumière peut-elle ralentir ?

La lumière n'atteint sa vitesse maximale que dans le vide spatial. S'il y a un obstacle – l'air, l'eau, du verre –, elle ralentit. Le changement soudain de vitesse dévie la lumière, c'est pourquoi un objet apparaît souvent déformé dans l'eau. Cette déviation s'appelle la **réfraction**. Sans cet effet, les télescopes, les caméras, les loupes ou les lunettes n'existeraient pas.

C'est sûrement impossible ?

Non. La première personne à réaliser que la lumière voyage d'une façon irrationnelle est Albert Einstein. Einstein se rendit compte que si la vitesse relative de la lumière ne change pas, ce sont le temps et l'espace qui doivent se contracter ou se dilater. Ce qui veut dire que quand Superman approche la vitesse de la lumière, son corps se contracte et le temps ralentit.

Albert Einstein
(1879-1955)

toujours de toi à **un milliard** de km/h.

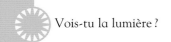

Peut-on *voyager*

1% *de la vitesse de la lumière*

Imagine que tu es dans une voiture qui peut aller aussi vite que tu veux. Ton but, c'est atteindre la vitesse de la lumière et de voir ce qui se passe. Tu appuies sur l'accélérateur et tu atteins une vitesse de 10 millions de km/h – 1 % de la vitesse de la lumière. Tout semble normal. Tu enfonces la pédale et accélères encore…

Si tu roulais à la **vitesse** de la **lumière**,

L'espace se courbe.

La théorie d'Einstein est appelée théorie de la relativité, car l'aspect des choses dépend de ton mouvement par rapport à elles. Dans le monde de la relativité, la gravité aussi est différente. Habituellement, la gravité est une force attractive, mais dans la théorie d'Einstein, la gravité est autre chose. Les objets lourds – comme la Terre – *courbent l'espace et le temps.* Si tu compares l'espace et le temps à une feuille de caoutchouc et que tu places la Terre au milieu, elle crée un creux. Maintenant, fais rouler la Lune. Elle suit la courbure de l'espace et reste en orbite autour de la Terre, car elle ne peut pas quitter le creux.

Ce que tu *vois* dépend de comment

à la vitesse de la lumière ?

90 % 99 % 99,99 %

… Maintenant, tu es à 90 % de la vitesse de la lumière, et les choses commencent à devenir étranges. Pour les gens à l'extérieur, ta voiture a réduit de moitié et le temps a ralenti dans la voiture. Selon toi, les spectateurs ont l'air plus petits et plus lents, et ta voiture a l'air normal.

À 99 % de la vitesse de la lumière, ta voiture mesure moins de 1 mètre, tu es sept fois plus lourd, et un jour pour toi dure une semaine pour les gens à l'extérieur. Ils ont la taille d'un râteau et avancent au ralenti. Quand ils parlent, les mots sortent trèèèèèèèès leeeeeeentement.

À 99,99 % de la vitesse de la lumière, ta voiture est plus petite qu'un crayon et une seconde dure plus d'une minute. Aller plus vite te rend plus petit et ralentit le temps. Tu ne pourras pas atteindre la vitesse de la lumière – c'est impossible. Sinon, tu serais de longueur nulle, plus lourd que l'Univers, et le temps s'arrêterait.

tu serais plus lourd que l'UNIVERS.

La gravité ralentit le temps.

Einstein a découvert que la gravité ralentissait le temps. Au sommet d'une montagne, où la gravité terrestre est légèrement plus faible, le temps passe plus vite. Mais seulement un petit peu plus vite. Même si tu passais toute ta vie au sommet de l'Everest, par rapport à tes amis restés au niveau de la mer, tu ne serais plus vieux que d'une fraction de seconde.

Voyage dans le temps

Selon Einstein, voyager dans le futur est facile. Il suffit de monter dans une fusée, foncer dans l'espace à 99,99 % de la vitesse de la lumière (ou rester près d'un astre à la gravité énorme, comme un trou noir), et revenir au bout de 4 mois. Tous tes amis seraient plus vieux de 24 ans !

tu bouges : c'est ça la relativité.

Qui est qui ?

Le brillant physicien et mathématicien Sir Isaac Newton a dit un jour : « J'ai vu plus loin que les autres parce que je me suis juché sur les épaules de géants. » Newton voulait dire que ses travaux reposaient sur ceux des grands scientifiques qui avaient vécu avant lui. Voilà quelques-uns de ces grands noms, en commençant en Grèce antique.

C'est la nature de l'homme de rechercher le savoir.

ARISTOTE
384-322 av. J.-C.

ARCHIMÈDE
287-212 av. J.-C.

COPERNIC
1473-1543

GILBERT
1544-1603

Un des plus grands penseurs de l'Antiquité, le philosophe grec Aristote était un expert en de nombreux sujets, en anatomie, astronomie, physique ou philosophie. Tuteur d'Alexandre le Grand, il enseignait dans les plus grandes écoles grecques. Il prônait le savoir tiré de l'observation de la nature et disait : « La nature ne fait rien inutilement. »

Mathématicien, astronome, physicien et ingénieur grec, Archimède a inventé des machines de guerre et un dispositif pour faire monter l'eau. L'épisode le plus célèbre (quand il bondit de sa baignoire en criant « Eurêka ! ») est lorsqu'il découvrit que la couronne de son roi n'était pas en or pur, car elle déplaçait plus d'eau que la même masse d'or pur.

L'astronome polonais Nicolas Copernic pensait que le Soleil, et non pas la Terre, était au centre de l'Univers, et que les planètes tournaient autour. Même si cette idée offensait l'Église catholique, ses travaux ont aidé ses successeurs à comprendre les forces qui gouvernent l'Univers. Il est donc à la base de l'astronomie moderne.

Docteur distingué à Londres (et physicien d'Élisabeth Ire), William Gilbert est connu pour ses travaux sur l'électricité et le magnétisme. Dans son livre *De Magnete*, il a démontré comment les aimants s'attiraient et se repoussaient. Il a prouvé que la Terre était un gigantesque aimant, ce qui explique qu'une boussole indique toujours le nord.

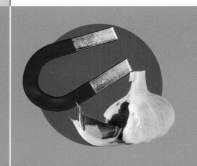

> Les vérités sont faciles à comprendre une fois découvertes. Le problème est de les découvrir.

> Si j'ai fait des découvertes intéressantes, elles doivent plus à une attention patiente qu'à un quelconque autre talent.

GALILÉE
1564-1642

NEWTON
1642-1727

FRANKLIN
1706-1790

VOLTA
1745-1827

Le scientifique italien Galileo Galilei, dit Galilée, étudia la Lune, le Soleil, les étoiles et les lunes de Jupiter avec un télescope de sa fabrication. Il fit rouler des balles le long de rampes pour étudier la gravité, et a découvert que tous les objets chutaient de la même façon. Ses idées en astronomie conduisirent l'Église à le séquestrer chez lui pendant la dernière année de sa vie.

L'Anglais Isaac Newton est souvent désigné comme le plus grand scientifique de tous les temps. Il avait néanmoins d'étranges croyances religieuses et pratiquait l'alchimie. Reconnu pour avoir établi que la gravité structure l'Univers, il a aussi publié ses travaux sur la lumière. Très sensible aux critiques, il se disputa avec beaucoup de ses contemporains.

Un des pères fondateurs de l'Amérique, Benjamin Franklin était un éminent politicien, diplomate et aussi scientifique. Il montra que les éclairs étaient de l'électricité en faisant voler un cerf-volant lors d'un orage ; et il inventa le paratonnerre. Il est le premier à avoir décrit l'électricité à partir de formes positives et négatives.

Le physicien italien Alessandro Volta n'a parlé qu'à l'âge de quatre ans, mais a vite rattrapé son retard. Il inventa la première pile en découvrant qu'un courant électrique pouvait circuler entre deux métaux en solution. Il présenta son invention à Napoléon en personne. L'unité officielle de tension électrique fut nommée volt en son honneur.

Pile de Volta

> *Rien n'est trop merveilleux pour être vrai si cela respecte les lois de la nature.*

> *On ne remarque jamais ce qui a été fait : on ne voit que ce qu'il reste à faire.*

> **Si les faits contredisent la théorie, change les faits.**

FARADAY
1791-1867

Le physicien anglais Michael Faraday était un expérimentateur brillant. Il découvrit le lien entre électricité et magnétisme, et construisit le premier générateur électrique. Orateur passionné, il institua la tradition des conférences de sciences le jour de Noël qui perdure encore aujourd'hui à l'Institution royale en Angleterre.

MAXWELL
1831-1879

Le physicien écossais James Clerk Maxwell est devenu célèbre pour avoir réduit l'électromagnétisme à quatre équations. Il a montré qu'électricité et magnétisme peuvent voyager en tant qu'ondes et que la lumière est un rayonnement électromagnétique. Il a aussi montré que lorsqu'on chauffe un gaz, ses atomes bougent plus vite.

CURIE
1867-1934

Première femme prix Nobel, Marie Curie, née en Pologne, est célèbre pour ses travaux sur la radio-activité. Elle a découvert deux éléments radioactifs et en a purifié un, le radium. Ses découvertes ont permis le traitement contre le cancer par radiothérapie. L'ironie est que Marie Curie est morte d'un cancer causé par son exposition à la radioactivité.

EINSTEIN
1879-1955

Le premier succès d'Albert Einstein a été de montrer que la lumière est faite de particules (photons), mais il est plus connu pour sa théorie de la relativité, qui lie l'espace, le temps et la gravité avec la vitesse de la lumière. Sa formule $E = mc^2$ montre qu'énergie et masse sont équivalents. Partisan de la paix, ses travaux ont pourtant mené aux bombes nucléaires, qui convertissent la masse en énergie.

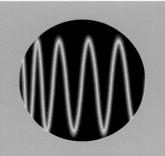

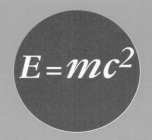

La science est soit de la physique, soit une collection de timbres.

Les corps et les forces que nous observons ne sont rien d'autre que des ombres et des variations de la structure de l'espace.

En sciences, on essaie d'expliquer, de la manière la plus compréhensible possible, des choses inconnues jusqu'alors.

RUTHERFORD
1871-1937

SCHRÖDINGER
1887-1961

HEISENBERG
1901-1976

DIRAC
1902-1984

Ernest Rutherford est un physicien néo-zélandais fougueux qui a « coupé l'atome ». En Angleterre, il démontra que les atomes étaient constitués de parties encore plus petites, contenant un centre solide minuscule, qu'il appela noyau. Il fut l'un des premiers à étudier la radioactivité, ce qui a posé les bases de la physique atomique.

Le physicien autrichien Erwin Schrödinger a établi les mathématiques complexes nécessaires pour montrer comment un atome et les particules qui le constituent peuvent agir comme des ondes. Il est surtout connu pour un paradoxe dans lequel le monde quantique est mis à notre échelle, et où un chat est à la fois mort et vivant.

Le physicien allemand Werner Heisenberg a contribué à la description du monde subatomique. Sa théorie de mécanique quantique, établie à l'âge de vingt-trois ans, lui a valu le prix Nobel. Il a aussi découvert le « principe d'incertitude », selon lequel il est impossible de connaître à la fois la position et la vitesse d'une particule subatomique.

Physicien britannique, il a montré que les particules subatomiques, comme les électrons, pouvaient se comporter en ondes. Ses travaux ont fait progresser la mécanique quantique, prouvant qu'un électron chargé négativement devait avoir un jumeau chargé positivement, le positron. Il a partagé le prix Nobel de physique avec Schrödinger en 1933.

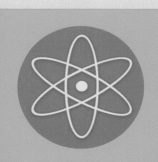

GLOSSAIRE

Accélération Rapidité selon laquelle un objet accélère, ralentit ou change de direction.

Aérodynamique Étude du mouvement des objets à travers l'air.

Atome Minuscule particule constituée d'un noyau central autour duquel gravitent un ou plusieurs électrons.

Celsius Échelle de température basée sur le point de fusion (0 °C) et le point d'ébullition (100 °C) de l'eau.

Centre de gravité Point d'un objet où semble être concentrée toute la masse. Tu peux maintenir un crayon en équilibre lorsque tu le poses sur son centre de gravité.

Chaleur Forme d'énergie causée par le mouvement aléatoire des atomes.

Champ magnétique Région autour d'un aimant où sa force agit.

Charge électrique Quantité d'électricité qu'un objet emmagasine. La charge électrique peut être négative ou positive.

Circuit Chemin par lequel passe un courant électrique.

Conducteur Substance qui transmet la chaleur, le son ou l'électricité facilement.

Conduction Mouvement de la chaleur, du son ou de l'électricité à travers la matière.

Convection Transfert de chaleur à travers un fluide (liquide ou gaz) par des courants.

Corde C'est la plus petite brique élémentaire de l'Univers. Une particule correspond à une vibration de la corde.

Courant électrique Circulation d'une charge électrique (souvent sous la forme d'électrons) à travers un circuit.

Élastique Un objet est élastique s'il revient à sa forme et à sa taille initiales après avoir été étiré.

Électricité Effets causés par le mouvement de charges électriques.

Électron Une des trois particules constituant l'atome (avec le proton et le neutron). Il est chargé négativement.

Énergie Capacité à effectuer un travail (*voir* Travail).

Énergie potentielle Énergie stockée dans la matière pour une utilisation future. L'énergie potentielle gravitationnelle dépend de l'altitude, comme un vélo en haut d'une colline.

Fluide Substance qui coule. Les liquides et les gaz sont des fluides.

Force Action qui modifie la vitesse, la trajectoire ou la forme d'un objet.

Fréquence Nombre de fois qu'une onde passe par seconde.

Frottement Force qui freine le mouvement lorsque deux surfaces sont en contact.

Gaz État de la matière dans lequel les particules sont très dispersées et très désordonnées.

Gravité Force attractive entre tous les objets ayant une masse. La gravité terrestre maintient nos pieds sur terre et fait tomber les objets lorsqu'on les lâche.

Inertie Tendance d'un objet à résister à toute modification de son mouvement.

Interaction forte Force qui permet au noyau atomique d'exister. Seuls les protons et les neutrons la sentent. Elle agit sur des distances très courtes, contrairement à la gravité.

Interférence Perturbation produite lorsque plusieurs ondes (comme le son ou la lumière) se rencontrent.

Isolant substance qui conduit très mal la chaleur, le son ou l'électricité.

Liquide État de la matière entre solide et gaz, dans lequel les particules sont dispersées, mais restent proches les unes des autres et interagissent.

Longueur d'onde Distance entre le sommet de deux ondes successives.

Lumière Rayonnement électromagnétique que nous pouvons voir. La lumière blanche est un mélange de toutes les couleurs de l'arc-en-ciel, qui constituent le spectre visible.

Magnétisme Propriété de certaines substances à attirer ou repousser des substances similaires.

Masse Quantité de matière continue dans un objet, mesurée en grammes, kilogrammes ou tonnes. La masse d'un objet reste constante où qu'il soit, alors que son poids varie.

Matière Tout ce qui a une masse et occupe de l'espace.

Micro-ondes Rayonnement électromagnétique de longueur d'onde plus grande que les infrarouges mais plus petite que les ondes radio. On dit parfois que c'est un type particulier d'ondes radio.

Molécule Particule de matière constituée de deux atomes ou plus, unis par une liaison.

Moment Tendance d'un objet à garder son mouvement, égal au produit de sa masse par sa vitesse.

Neutron L'un des deux constituants du noyau d'un atome. Il est électriquement neutre.

Noyau Centre d'un atome, constitué de protons et de neutrons. La masse d'un atome est concentrée dans son noyau.

Particule Brique élémentaire de la matière, atome ou molécule par exemple. Les particules subatomiques (proton…) sont plus petites que l'atome.

Particule subatomique Particule plus petite que l'atome (proton, neutron, électron, quark…).

Photon Particule de lumière ou de tout autre rayonnement électromagnétique.

Physique Étude des forces, du mouvement, de la matière et de l'énergie.

Pile Dispositif pouvant produire ou stocker de l'électricité.

Poids Force de gravité, verticale vers le bas, exercée par la Terre sur un objet.

Point de fusion Température à laquelle un solide se transforme en liquide.

Poussée Force exercée par l'air sur une aile, verticale et vers le haut.

Poussée d'Archimède Force exercée vers le haut sur un objet par le liquide ou le gaz qui l'entoure.

Pression Force exercée par unité de surface.

Prisme Dispositif triangulaire en verre ou autre matériau transparent pouvant décomposer la lumière en un spectre coloré.

Profiler Donner une forme à un objet pour qu'il se déplace dans l'air ou dans l'eau avec la plus petite traînée (résistance) possible.

Proton L'un des deux constituants du noyau d'un atome. Il est chargé positivement.

Quantum Unité élémentaire d'énergie. Le rayonnement électromagnétique est un flux de quanta appelés photons.

Quark L'une des briques élémentaires ultimes de la matière. Les protons et les neutrons sont constitués de trois quarks.

Radiation Énergie voyageant sous la forme d'un rayonnement électromagnétique (comme la lumière). C'est aussi le rayonnement émis par les substances radioactives.

Radioactivité Particules énergétiques ou rayonnement électromagnétique issus de la désintégration d'un noyau atomique.

Rayonnement électromagnétique Forme d'énergie, comme par exemple la lumière ou les ondes radio, qui voyage à haute vitesse sous la forme d'une onde ou d'un flux de particules.

Rayons gamma Rayonnement électromagnétique de longueur d'onde très courte. Ils sont émis par les substances radioactives.

Rayons infrarouges Rayonnement électromagnétique de longueur d'onde plus grande que la lumière visible. Ils transmettent la chaleur.

Rayons ultraviolets (UV) Rayonnement électromagnétique invisible, de longueur d'onde plus courte que la lumière visible, qui peut brûler la peau.

Rayons X Rayonnement électromagnétique compris entre les rayons gamma et le rayonnement UV. Ils traversent le corps humain, mais pas les os ni les dents.

Réfraction Déviation d'un rayon lumineux lorsqu'il passe d'une substance à une autre, comme par exemple de l'air à l'eau.

Son Vibration de molécules qui se propage de proche en proche à travers l'air ou d'autres substances.

Spectre Succession de raies électromagnétiques, placées de la plus petite longueur d'onde à la plus grande. Un arc-en-ciel est un spectre de la lumière visible.

Température Mesure de la quantité de chaleur d'un objet.

Tension superficielle Force qui explique la minuscule « peau » à la surface de l'eau.

Traînée Force résistante que subit un objet lorsqu'il traverse un gaz ou un liquide.

Travail Mesure de la quantité d'énergie utilisée lors d'une action, égale au produit de la force par la distance.

Vaporisation Changement d'état lors duquel un liquide se change en gaz (vapeur).

Viscosité Mesure de la consistance d'un liquide.

Vitesse Rapidité à laquelle un objet se déplace, égale à la distance divisée par la durée.

Zéro absolu Température la plus basse possible (−273 °C) lorsque tous les atomes ont arrêté de bouger.

Zéro G Autre nom de l'apesanteur.

INDEX

Remerciements

L'éditeur tient à remercier pour leur aide à la réalisation de ce livre : Tory Gordon-Harris, Rose Horridge, Anthony Limerick, Carrie Love, Lorrie Mack, Lisa Magloff, Rob Nunn, Laura Roberts-Jensen, Penny Smith, Fleur Star, Sarah Stewart-Richardson, Likengkeng Thokoa.

L'éditeur remercie également les personnes et organismes suivants pour avoir autorisé la reproduction de leurs images (h = en haut, b = en bas, c = au centre, g = à gauche, d = à droite, a/p = arrière-plan) :

Advantage CFD : 46-47b. **Alamy Images :** Bruce McGowan 66bc ; Ian M. Butterfield 37bg ; Pat Behnke 12hg (diamant) ; Robert Llewellyn 73bg ; Doug Steley 66bg ; TF1 33cdb, 46bg ; Transtock Inc. 46hg, 47cdb ; Stephen Vowles 41 (soldat), 94 (soldat). **Ariel Motor Company :** 47hd, 95bd. **Corbis :** 30bg, 33cdh, 49 (balle de golf), 71hc ; Theo Allofs/Zefa 67cgh ; Bettmann 18cdb, 24bg, 27bg, 40-41b, 42hc, 59bg ; Tom Brakefield 31 (guépard) ; Ralph A. Clevenger 69hd ; Richard Cummins 39cd, 66-67b ; Ronnen Eshel 2bg, 26bg ; Eurofighter/Epa 42hg ; Al Francekevich 39bd ; Patrik Giardino 22cd ; Beat Glanzmann/Zefa 78cg ; Images.com 5cgh, 20-21 ; JLP/Jose Luis Pelaez/Zefa 3 (main), 23hd (main) ; Kurt Kormann/Zefa 79hd ; Matthias Kulka/Zefa 34hg ; Lester Lefkowitz 42-43 ; George D. Lepp 47bd ; LWA-Sharie Kennedy 29 (mobylette) ; David Madison/Zefa 40cg ; Tim McGuire 38c ; Amos Nachoum 51cdh ; Yuriko Nakao/Reuters 49bd ; Richard T. Nowitz 23cg ; Robert Recker/Zefa 83hc ; Reuters 29cb, 30cg, 35cd, 47hd, 47cdh ; Galen Rowell 64hd ; Wolfram Schroll/Zefa 39c ; G. Schuster/Zefa 48bd ; Daniel Smith/Zefa 66hc ; Josh Westrich/Zefa 3 (chariot), 25tg. **Deutsches Museum, Munich :** 31 (Helios). **DK Images :** Adidas 1 (baskets) ; The All England Lawn Tennis Club, Church Road, Wimbledon, Londres, David Handley 48 (balle de tennis) ; Anglo-Australian Observatory 14h (a/p), 17hc (a/p), 22hg (a/p) ; Audiotel 1 (clé) ; Bradbury Science Museum, Los Alamos 34bg, 55bc ; British Airways 1 (Concorde) ; The British Museum 60b (soie) ; Duracell Ltd 58cgh ; Ermine Street Guard 8bc ; Football Museum, Preston 45 (bottes), 61b (maillot) ; Sean Hunter 2cg, 16hg ; Indianapolis Motor Speedway Foundation Inc 36cb ; Judith Miller/Kitsch-N-Kaboodle 22hg (Yoda) ; NASA 1 (astronaute), 10hd, 18bg ; National Maritime Museum, Londres 16cd, 91bg ; Natural History Museum, Londres 9hc, 19cdb, 90 (plume) ; Stephen Oliver 1 (domino), 13cdh, 25 (voiture), 36c, 48 (ballon de basket), 49 (ballon de basket), 52bg, 62-63, 63bc, 63bg, 92bg ;

Renault 88-89h ; The Science Museum, Londres 11bg, 12bd, 19bg, 50-51 (clous), 58bg, 91bd ; James Stevenson/National Maritime Museum, Londres 15cd ; Florida Center for Instructional Technology : 9bd. **Getty Images :** Allsport Concepts 22cg ; Iconica 68cg ; The Image Bank 23cd, 23bg, 74bg, 83cdb ; Nordic Photos 31 (caravane) ; Photographer's Choice 36hg, 48hg, 83cdb ; David Robbins 83cdb ; Stock Illustration Source 87hg ; Stone 38bd ; Stone+ 58cgh ; Taxi 1 (parachutiste), 2hg, 40-41h, 74-75 (Soleil), 85cgh. **Carrie Love :** 8cdh (a/p). **Mary Evans Picture Library :** 28bc. **NASA :** Marshall Space Flight Center 1 (Navette). **Photolibrary :** Photolibrary.com (Australie) 17bd ; Foodpix 35hd, 53hg, 54bg, 70hc ; Index Stock Imagery 5hg (a/p), 6-7 (a/p), 50bc. **PunchStock :** Corbis 17cd. **Photo Scala, Florence :** 16cdh. **Joe Schwartz/Joyrides :** 32d. **Science & Society Picture Library :** Science Museum Pictorial 29bg. **Science Photo Library :** 10bd, 10cgh, 54bd, 90cgh, 90cgh, 90bg, 92cgh, 92cgh ; American Institute of Physics 93cdh ; David Becker 39bg ; George Bernard 91cdh ; British Antarctic Survey 82cdb ; Dr. Jeremy Burgess 38hg, 80-81bg ; CERN 76bd ; John Chumack 85bg ; Crawford Library/Royal Observatory, Édimbourg 15bc ; Pr. Harold Edgerton 45bc, 72-73h ; Pr. Peter Fowler 93cgh ; Mark Garlick 67bd ; Henry Groskinsky, Peter Arnold Inc. 48c ; GUSTO 74hc ; Roger Harris 15hd, 62hg ; Keith Kent 31 (Thrust) ; Edward Kinsman 72c ; Mehau Kulyk 5bg, 74hg ; Laguna Design 88bg ; Damien Lovegrove 74bc ; Max-Planck-Institut/American Institute of Physics 93cdh ; NASA 31 (Apollo 15), 33bg ; National Library of Medicine 92cdh ; Claude Nuridsany & Marie Perennou 74bd ; David Parker 74-75, 79cgh, 81cd (bulle) ; Pasieka 74-75b, 77hg ; D. Phillips 52hc, 65hg ; Philippe Plailly 52-53b, 54bc ; D. Roberts 82cgb ; Royal Observatory, Édimbourg 18-19 (carte) ; Erich Schrempp 80cd ; Science, Industry & Business Library/New York Public Library 17bd ; Dr. Gary Settles 44bg ; Francis Simon/American Institute of Physics 93cgh ; Sinclair Stammers 80hd, 81cg, 81cb ; Takeshi Takahara 46cb ; Ted Kinsman 83cgb ; Sheila Terry 3 (Atlas), 14bg, 63cdh, 70cgb, 79cb, 91cgh, 91cgh, 91cdh ; Gianni Tortoli 3 (héliocentrique), 15cg ; US Library of Congress 35bd, 86bd, 92cdh ; Detlev Van Ravenswaay 19cd, 90cdh, 90bd. **Sky TV :** de Sky One's Brainiac 70-71b. www.mclaren.com : 31 (McLaren).

Toutes les autres photographies © Dorling Kindersley